인성과 창의적 사고력의 개발

글로벌 시대의 교육

김태완 저

EDUCATION IN THE GLOBAL ERA

학지사

머리말

필자는 최근 한국교육개발원(KEDI)의 책임을 맡아 3여 년간 봉사하였다. 이 기간 동안 OECD, 유네스코, 세계은행 등 여러 국제기구의 다양한 회의와 세미나에 참석하였고, 영국, 미국, 일본, 중국, 사우디아라비아 등의 국가들이 주최하는 각종 행사와 국내에서 이루어진 많은 국제 행사에 참여하여 발표와 토론의 기회를 가졌다.

그중에는 2011년 한국교육개발원이 부산 벡스코에서 OECD, 유네스코, 세계은행과 공동으로 주최한 제4차 세계원조효과 고위포럼도 있었다. 여기에는 유네스코의 사무총장, OECD의 교육국장, 세계은행의 교육 담당자가 모두 참여하였다. 이러한 경험은 교육의 국제적인 동향과 변화를 직접 경험할 수 있게 해 준 동시에 한국 교육을 다시 생각해 볼 수 있는 좋은 기회를 제공하였다.

외국의 교육 전문가가 보는 한국 교육은 우리가 국제학업성취도평가(PISA)에서 좋은 성적을 보이고 있기 때문인지 매우 긍정적이다. 세계은행의 교육국장 엘리자베스 킹(Elizabeth King)은 한국의 초등교육이 매우 탄탄하다고 칭찬해 주었다. 이에 대해 필자는 우리가 지식교육은 잘하고 있지만 인성이나 창의성 교육은 부족한 점이 많다고 이야기했다. 이에 대해 킹은 미국이나 다른 선진국도 인성이나 창의성 교육이 부족한 현실이라고 답했다.

평생을 한 분야에서 일해 온 국제적인 전문가들은 비교적 객관적인 평가를 한다고 볼 수 있다. 왜냐하면 이들은 모든 국가를 전체적으로 비교해 볼 수 있는 데이터를 많이 접하기 때문이다. 국제기구들이 발표하는 대부분의 보고서는 다양한 국가의 전문가들이 모여 의논한 결과를 정리한 것이다. 이러한 것들은 국가별 변화의 동향과 향후 발전의 추세를 가늠해 볼 수 있는 좋은 자료다.

한편, 국내로 눈을 돌려 보면 우리나라의 학교교육에 대한 학부모와 사회의 평가는 처참할 정도로 낮다. 특히 신문과 방송을 통해 드러나는 한국 교육의 모습은 매우 부정적이다. 학생들도 매우 힘들어하고 있으며, 교육 문제는 분명 심각한 수준이라고 할 수 있다. 이러한 현실에 대해 필자는 교육 전문가의 한 사람으로서 큰 책임감을 느낀다. 따라서 우리 교육이 어떻게 하면 조금이라도 더 좋아질 수 있을까 하는 마음에서 이 책을 쓰기로 했다.

필자는 "가장 좋은 마음과 가장 좋은 교육을 가진 국가가 경제적으로 세계를 이끈다."는 말을 믿는다. 그리고 가장 좋은 교육을 가진 국가는 경제적으로뿐만 아니라 정신적 · 문화적으로도 세계를 이끌 것이라 믿는다. 이런 믿음은 세계의 지도자들이 이구동성으로 교육의 중요성을 강조하는 데 잘 나타나고 있다.

예를 들면, 미국의 오바마 정부가 2009년에 발표한 지속 가능 성장과 양질의 일자리 창출을 위한 국가혁신 전략을 보면, 정부가 '21세기형 기량을 갖춘 차세대 교육과 세계 수준의 노동인력 창출'에 우선적으로 투자한다는 내용이 들어 있다. 이처럼 교육은 경제 발전과 사회 발전을 위해 가장 중요한 과제로 인정받고 있다.

그렇다면 어떤 마음이 가장 좋은 마음이고, 어떤 교육이 가장 좋은 교육일까? 우리는 2세들에게 무엇을 가르쳐야 하는지, 무엇을 배우게 해야 하는지 생각해 보아야 한다. 교육 전문가들은 항상 학생들이 무엇을 느끼고 무엇을 생각하는 것이 좋은지, 어떻게 느끼고 어떻게 생각하는 것이 좋은지에 관심을 가져야 한다. 이 책은 이러한 질문에 대한 답변을 제공하기 위해 크게 세 부분으로 나누어 필요한 내용들을 검토한다.

먼저, 제1부에서는 한국과 세계 교육의 조망에 대해 살펴본다. 교육 문제에는 국내 문제이자 동시에 국제사회의 모든 국가가 공통적으로 당면하고 있는 문제들이 있다. 그러므로 국제사회는 이러한 공통의 문제들에 대해 공동으로 대처할 수 있는 방법을 서로 공유하는 것이 필요하다.

제1장에서는 글로벌 시대의 교육환경을 살펴본다. 먼저, 우리 국민이 매년 해외에 얼마나 많이 나가고 있는지, 외국인은 얼마나 많이 국내에 들어오고 있는지 등과 같은 국내외의 인적교류 현황을 알아본다. 또한 우리의 초 · 중등학생과 대학생이 유학을 위해 얼마나 많이 해외로 나가고 있는지, 또 외국인 학생은 얼마나 많

이 국내로 들어오고 있는지 등을 알아본다. 다음으로 국제적으로 얼마나 많은 학습 프로그램이 개방되고 공유되고 있는지 등을 알아본다. 그리고 인터넷을 통해 세계의 모든 지식과 정보가 공급되고 있는 글로벌 시대에 어떤 식으로 교육하고 학습하는 것이 좋은지 등을 살펴본다.

제2장에서는 한국 교육의 현실을 이야기한다. 즉, 우리 교육이 가지고 있는 장단점과 문제점들을 논의한다. 우리의 청소년들은 지적인 면에서는 우수한 능력을 보이고 있지만, 신체적 · 사회적 · 정서적인 면에서는 부족함을 보이고 있다. 특히 인성의 주요 내용을 이루고 있는 사회정서적인 면에서 많은 문제를 드러내고 있어 이에 대한 적절한 대응을 필요로 한다. 최근 학교폭력, 왕따, 자살 등과 같은 문제가 가정, 지역사회 그리고 국가의 큰 걱정거리로 대두하고 있다. 따라서 이 분야에 대한 교육의 중요성과 변화의 시급성에 대해 사회 전반에 걸쳐 더 넓고 깊은 공감대가 형성되어야 한다.

제3장에서는 세계 교육이 위기에 처해 있음을 확인하는 유네스코 보고서를 중심으로 논의한다. 이 위기 현상은 교육 분야가 다른 환경 요인들의 변화 속도와 다른 데서 온다. 즉, 다른 환경 요인들은 변화와 발전의 속도가 매우 빠른 데 비해 교육 분야는 그 속도가 너무 느리다는 것이다. 따라서 이 장에서는 위기의 이유와 대처 방법들을 검토하고, 국제적으로 나타나고 있는 대응의 모습들을 살펴본다. 그리고 학교교육이 가지고 있는 한계를 넘어서기 위해 사회 전체가 학습하는 학습사회의 체제를 갖추고, 개인이 전 생애에 걸쳐 교육을 받는 평생교육으로 나아갈 것을 제안한다.

제2부에서는 글로벌 시대의 교육정책 동향을 살펴본다. 제4장에서는 국제사회가 점점 더 많이 개방되어 하나의 세계를 이루어 살아가고 있는 상황을 이해하는 것으로부터 출발한다. 국제사회는 이제 개별 국가를 넘어서서 서로 도와가며 더불어 살아가야 하는 현실임을 이해하도록 하는 교육의 필요성을 강조하고 있다. 이 과정에서 우리가 지구 생태계를 잘 보전하여 다음 세대가 좋은 환경에서 살아갈 수 있도록 지속 가능한 발전의 필요성과 중요성을 이해하는 일이 매우 시급하다. 더욱 적극적으로는, 청소년이 녹색 성장을 추구해 나가도록 교육해야 한다.

제5장에서는 21세기 첨단기술의 융합 시대에 대한 이해를 갖도록 하는 교육의 필요성을 강조한다. 생명기술, 나노기술과 정보기술 등이 상호 융합하고, 이를 인지과학과 연결해 나가는 일은 선진 과학기술국의 주요 과제다. 그러므로 우리 교육이 이를 뒷받침해 줄 수 있도록 해야 하며, 이러한 시대적 변화에 대해 학생들이 충분히 이해할 수 있도록 교육해 나가야 할 것을 제안한다.

제6장에서는 21세기를 살아가는 데 필요한 핵심역량에 대해 OECD가 제안한 내용을 정리하였다. 산업경제사회에서의 지식중심 교육은 지식경제사회에서 역량중심으로 발전해 나가야 한다. 현재 학교에서 실시하고 있는 지적 도구를 갖추기 위한 교육뿐만 아니라, 이질적인 문화를 가진 사람들과 더불어 살아갈 수 있는 능력과 사회규범 및 전통에 맞게 자율적으로 판단하고 행동할 수 있는 능력을 갖출 수 있도록 하는 교육의 필요성을 이야기한다. 아울러 이를 가장 잘 실천하고 있는 뉴질랜드와 싱가포르의 사례를 소개한다.

제7장에서는 최근 정치경제 지도자들이 교육의 중요성을 지속적으로 강조하고 있는 미국에서, 교육의 변화를 위해 어떤 노력을 기울이고 있는지 살펴본다. 고등교육이 발전한 미국의 대학에서 많은 한국의 젊은이들이 공부하고 있다는 사실을 감안할 때, 우리는 미국의 교육 시스템을 좀 더 자세히 들여다볼 필요가 있다. 경제 · 군사 면에서 세계를 선도하고 있는 미국이 21세기에도 계속해서 선도적인 위치와 역할을 유지하기 위해 2세들에게 좀 더 나은 교육을 제공하고자 하는 것은 충분히 이해할 수 있다. 우리의 주의를 끄는 것은, 미국이 국가혁신 전략에서 교육을 매우 중요한 투자 대상으로 간주하고 있다는 점이다. 이와 같이 미국이 연방정부 수준에서 기울이고 있는 교육에 대한 관심과 지원은 다른 선진국보다 더욱 절실한 면을 느끼게 한다.

제3부에서는 글로벌 시대에 우리 교육이 나아갈 방향과 해결해야 할 과제를 검토하고 있다. 우리 사회는 그동안 외부적으로는 경제 분야의 급속한 발전을 이루었지만 개인의 내면적으로는 글로벌 시대에 걸맞은 국제규범이나 의식에 대한 성숙한 인식이 전반적으로 부족한 편이다. 왜냐하면 우리는 항상 선진국을 따라잡기 위해 옆도 보지 않고 앞만 보고 달려 왔기 때문이다. 이제 선진국에 진입하는 과정에서 그동안 관심을 갖지 못했던 이웃과 주변 국가를 살펴서 도움이 필요하면 도와주는 자세와 태도를 가져야 한다.

제8장에서는 글로벌 시대 국내 교육의 발전을 위해 교육정책 관련자들에게 개괄적인 조언을 하는 접근을 한다. 우리는 동남아시아는 물론 중앙아시아, 아프리카 및 중남미 국가들 가운데 도움

이 필요한 국가와 국민에게 우리의 발전 경험을 나누어야 한다. 또한 경제적인 도움이 필요한 국가에게는 우리가 할 수 있는 범위 내에서 지원을 해야 한다. 가장 좋은 지원은 좋은 친구애와 파트너십이라는 것을 이해하고, 심리적으로 그들을 돕는 마음을 가질 뿐만 아니라 실천을 할 필요가 있다.

제9장에서는 현재 우리 교육에서 가장 부족하고, 따라서 가장 개선이 필요한 인성교육에 대해 고찰한다. 인성교육은 실천의 문제이기 때문에 실제로 매우 어려운 점이 많다. 학부모와 교사 그리고 우리 사회의 성인들이 모범적이고 성숙한 행동을 몸소 보여 주지 못하면서 청소년들에게 그런 행동을 기대하는 것은 어불성설(語不成說)과 같다. 청소년들이 종래에 해 오던 도덕 및 윤리 교육은 물론 사회성과 감성을 키워 줄 수 있는 사회정서학습을 더 많이 경험하게 해야 한다.

제10장에서는 그동안 모방중심, 시험중심의 교육을 넘어서서 창조할 수 있는 능력을 키워 주기 위한 교육에 대해 이야기한다. 새로운 것을 만들어 내어 선도하는 경제체제를 갖추어야 개인과 사회 모두에게 희망이 있다. 개인이 성공하고 행복하면서 더불어 사회도 잘 기능하기 위해서는 이제 창의적인 사고력을 발휘해야 한다. 국내의 많은 단순 노동과 작업들은 이제 기계를 통해 이루어지기 때문에 우리 학생들이 고차원적 사고능력을 키우지 않으면 일자리를 구하기 어려운 상황이다. 따라서 우리 교육과 직업훈련 등은 고차원적 사고능력을 키워 줄 수 있는 방향으로 바뀌어야 한다. 고차원적 사고능력은 일정한 형태의 사고 유형에 대한 이해와 훈련을 통해 키울 수 있다. 흔히 '생각도구' 또는 '학습도구' 로 불

리는 사고 유형을 익히면 사회와 자연의 다양한 현상을 구조적으로 분석 · 평가할 수 있으며, 새로운 이해의 틀을 만들 수 있다. 새로운 이해의 틀은 새로운 창조물을 만드는 결과로 이어질 것이다.

이 책은 글로벌 시대의 우리 교육이 어떤 방향으로 나아가는 것이 좋을까 하는 고민에서 출발하였다. 부족한 점이 많지만, 우리나라의 교육을 국제적인 시각에서 고찰해 본다는 점에서 이 책의 의미를 찾을 수 있으리라 생각한다.

그동안 필자를 격려해 주고 많은 도움을 준 여러 동료 교수님과 제자들, 그리고 가족에게 깊이 감사드린다. 그리고 좋은 경험을 함께 나누었던 한국교육개발원 연구원들께도 감사의 마음을 전한다. 마지막으로, 이 책의 출간을 허락해 주신 학지사의 김진환 사장님과 최임배 전무님, 책이 만들어지기까지 수고를 아끼지 않으신 편집부의 하시나 선생님께 진심으로 감사드린다.

2013년 8월

玄山 김태완 배상

차 례

제2부 글로벌 시대의 교육정책 동향

제3부

미래 교육의 방향과 과제

1

| 글로벌 시대의 교육 | 제1부

한국과 세계 교육의 조망

제 1 장

글로벌 시대의 교육환경

1. 글로벌 인재양성의 시대

우리는 현재 글로벌 시대에 살고 있다. 2012년 1년 동안 한국인의 해외 출국은 약 1,370만 명에 달하고, 외국인의 국내 입국은 약 1,110만 명에 이른다(통계청, e-나라지표). 매월 약 100만 명 이상의 한국인이 해외로 나가고, 약 100만 명의 외국인이 한국으로 들어오고 있다. 이것은 매달 울산광역시의 인구 규모가 나가고 들어오고 있으며, 매년 서울특별시의 인구 규모보다 훨씬 많은 인구가 나가고 들어오고 있다고 보면 된다. 그러나 관광수지는 연간 16억 달러(약 2조 원)의 적자를 보고 있다.

2009년 기준으로 전 세계 국가 중 내국인 출국 1위 국가는 홍콩이며, 2위는 독일, 3위는 미국이다. 아시아 국가 중 중국은 5위, 일본은 13위 수준이며, 우리나라는 26위 수준이다(UNWTO, 2011 Edition). 현재 국내에는 약 140만 명의 외국인이 살고 있으며, 그 자녀는 약 17만 명에 이른다(통계청, 2012. 8.). 이것은 대전광역시의 인구 규모에 해당하는 외국인이 국내에 거주하고 있다고 보면 된다. 이 중 20% 정도는 한국 국적을 가지고 있고, 80% 정도는 한국 국적을 가지고 있지 않다. 국내의 외국인 주민의 증가는 국내 인구 증가보다 빠른 증가세를 보이고 있다. 한편, 해외에 거주하는 동포의 수는 약 170개국에 700여만 명에 이르고 있다.

인구의 이동뿐만 아니라 최근 한국인이 국제사회에 보여 주고 있는 한류 문화는 드라마, 댄스, 음악, 영화, 체육 등 거의 모든 분야에 걸쳐 두각을 나타내고 있다. 이러한 상황에서 우리 초·중·고등학교 학생들은 해외로 조기 유학을 나가고 있다. 2006년에는 약 1만 3,800명의 초등학생, 9,200명의 중학생, 6,400명의 고등학생이 유학을 나간 이후, 차츰 줄어들었다가 2011년에는 약 7,500명의 초등학생, 5,500명의 중학생, 3,600명의 고등학생이 유학을 나가고 있다(〈표 1-1〉 [그림 1-1] 참조).

〈표 1-1〉 유학생 현황(2006~2012년) (단위: 명, 백만 달러)

구분 \ 연도		2006	2007	2008	2009	2010	2011	2012
국외 한국인 유학생	초등학교	13,814	12,341	12,531	8,369	8,794	7,477	–
	중학교	9,246	9,201	8,888	5,723	5,870	5,468	–
	고등학교	6,451	6,126	5,930	4,026	4,077	3,570	–
	대학(학위+연수)	190,364	217,959	216,867	240,949	251,887	262,465	239,213
	대학(학위)	113,735	123,965	127,000	151,566	152,852	164,169	154,178
국내 외국인 유학생	대학(학위+연수)	32,557	49,270	63,952	75,850	83,842	89,537	86,878
	대학(학위)	22,624	32,056	40,585	50,591	60,000	63,653	60,589
유학 · 연수 수지	국내수입액	28.0	44.9	54.4	36.3	37.4	128.3	54.6
	해외지급액	4,515.0	5,025.3	4,484.5	3,999.2	4,488.0	4,389.5	4,364.2
	유학 · 연수 수지	-4,487.0	-4,980.4	-4,430.1	-3,962.9	-4,450.6	-4,261.2	-4,309.6

출처: 통계청, e-나라지표(2012. 11. 28.). www.index.go.kr.

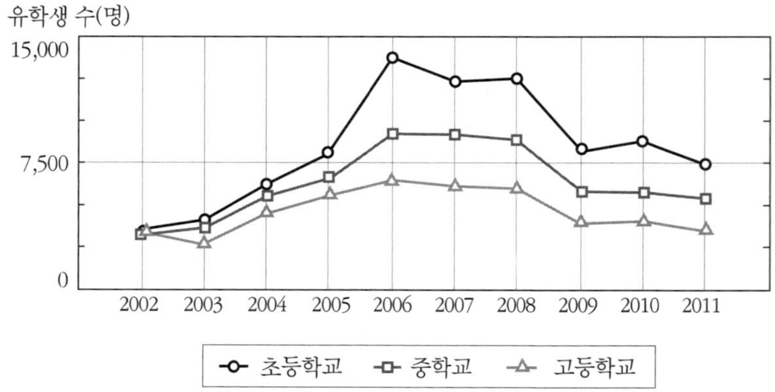

[그림 1-1] 초 · 중 · 고등학교 유학생 출국 현황(2002~2011년)

출처: 통계청, e-나라지표. www.index.go.kr.

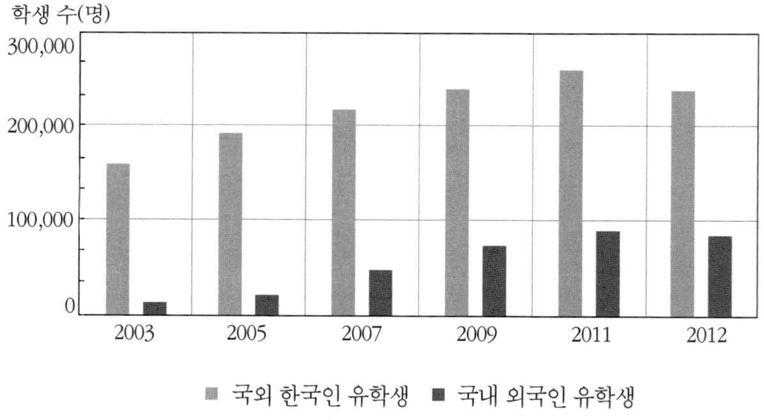

[그림 1-2] 연도별 국외 한국인 유학생과 국내 외국인 유학생 수

출처: 통계청, e-나라지표. www.index.go.kr.

〈표 1-1〉과 [그림 1-2]에서 보여 주듯이, 2012년에 외국 대학에서 공부하기 위해 해외로 나가 있는 한국 학생은 약 24만 명에 이르고 있으며, 국내 대학에서 공부하고 있는 외국인 학생은 약 8만

7,000명에 이른다. 국내로 유학을 오는 학생보다 약 3배나 많은 한국 학생이 외국 대학에서 공부하기 위해 해외에 거주하고 있다.

그동안 세계화에 따라 국가 간 인구의 이동이 빈번해지면서 국외 한국인 유학생 수가 증가하는 추세였으나, 세계적인 경제 불황과 이민법 강화 등으로 그 수가 다소 감소하고 있다. 반면에 한국으로 들어오는 외국인 학생은 계속 증가하고 있는 추세다.

한편, 유학 · 연수 수지(〈표 1-1〉 참조)를 살펴보면, 2012년 국내의 유학 · 연수 수입은 5,500만 달러인 반면, 해외 지급은 43억 6,400만 달러로 우리나라는 연간 43억 900만 달러의 적자를 보이고 있다. 2006년부터 2012년까지 우리나라는 매년 약 40억 달러 이상의 유학 · 연수 수지 적자를 보고 있으며, 이는 관광 수지 적자의 2배에 이른다.

지금까지 살펴보았듯이, 우리는 아직 해외로 나가 더 많이 배우기를 원하고 있음을 알 수 있다. 즉, 많은 사람이 국내에서보다 해외에서 필요한 교육을 더 잘 받을 수 있다고 믿고 있다.

〈표 1-2〉는 주요 국가별로 한국 유학생 현황을 보여 주고 있다. 한국 학생들은 주로 미국(약 7만 3,000명)과 중국(약 6만 3,000명)에 가장 많이 유학을 가고 있다.

〈표 1-2〉 주요 국가별 한국 유학생의 현황(2012. 4. 1. 기준)

국가	미국	중국	캐나다	일본	호주	영국	뉴질랜드	기타	계
유학생 수(명)	73,351	62,855	20,658	19,994	17,256	12,580	8,033	24,486	239,213
비율(%)	30.7	26.3	8.6	8.4	7.2	5.3	3.4	10.2	100.0

출처: 국립국제교육원. www.niied.go.kr.

〈표 1-3〉 한국에 유학 오는 학생의 주요 국가별 현황(2012. 4. 1. 기준)

국가	중국	일본	몽골	미국	베트남	대만	기타	계
유학생 수(명)	55,427	4,093	3,797	2,665	2,447	1,510	16,939	86,878
비율(%)	63.8	4.7	4.4	3.1	2.8	1.7	19.5	100.0

출처: 국립국제교육원. www.niied.go.kr

한편, 한국에 유학 오는 학생을 국가별로 살펴보면(〈표 1-3〉 참조), 중국(약 5만 5,000명), 일본(약 4,000명), 몽골(약 3,800명), 미국(약 2,700명) 등이다. 한국은 2020년까지 약 20만 명의 외국인 유학생을 국내 대학에 유치할 계획을 가지고 있는 반면, 일본과 중국은 2020년까지 약 30만 명의 외국인 대학생을 유치하려는 계획을 가지고 있다.

이러한 자료들을 살펴보면, 국가 간에 외국인 학생을 유치하기 위한 치열한 경쟁이 이루어지고 있음을 알 수 있다. 우리나라는 외국인 학생 수를 늘리는 것도 필요하지만 좀 더 다양한 국가에서 유학을 올 수 있도록 하기 위해 대학교육 프로그램의 질적 향상을 이루어야 할 필요가 있다. 현재 국내 대학은 외국인 학생을 더 많이 유치할 수 있을 정도로 우수한 교육 프로그램을 보여 주지 못하고 있는 실정이다.

그동안 중국 등 개발도상국의 고등교육 수요가 증대하고 동남아시아 국가에 한류가 확산되고 있는 점들은 외국인 학생 유치에 긍정적으로 작용하고 있다. 정부와 대학도 외국인 유학생을 유치하기 위해 많은 노력을 하고 있으며, 그러한 노력의 결과로 외국인 유학생의 수가 많이 증가하였으나 최근에는 세계적인 경제 불황 등으로 인해 그 수가 다소 감소하고 있다. 향후 외국인 유학생 유치와 지원을 위한 노력을 계속적으로 하고 한국 문화와 기업에 대한 적극적인 홍보를 실시하면 국내 외국인 유학생 수는 꾸준히 증가할 것으로 예상된다.

우리는 현재 글로벌 인재양성의 시대에 살고 있다. 많은 사람이 더 좋은 교육을 위해 국경을 넘나들고 있으며, 대부분의 선진국은 국적을 가리지 않고 교육을 제공하고 인재를 기르고 있다. 글로벌 시대는 국적과 국경의 의미가 점점 약화되고 있는 시대, 국가 간 상호 의존의 필요성이 증대하고 있는 시대, 그리고 어떤 국가도 홀로 살아갈 수 없는 시대다. 다시 말하면, 국적에 관계없이 인재를 기르고 그 인재가 국가에 기여하도록 하는 시대인 것이다.

2. 학습 콘텐츠의 개방과 공유

글로벌 시대는 사람이 직접 이동하지 않으면서 외국에서 제공되고 있는 문화와 교육 프로그램을 즐길 수 있도록 해 준다. 예를 들면, 싸이의 〈강남스타일〉 조회 횟수는 유튜브 공개 161일 만에 10억 뷰를 달성하였고, 1년이 채 되지 않은 2013년 7월에 17억 뷰를 돌파하였다. 또한 그의 후속곡 〈젠틀맨〉은 공개 55일 만에 4억 뷰를 넘어섰다.

세계 인구가 약 70억 명이고, 남한 인구가 약 5,100만 명임을 감안하면, 17억 뷰는 우리의 상상 수준을 넘어서는 일이며, 도저히 실감하기 어려운 일이다. 만약 싸이의 공연장에 가야만 공연을 볼 수 있다면 불과 몇 백만 명 정도만 그 공연을 볼 수 있었을 것이다. 이러한 변화는 인터넷이라는 시간과 공간의 제약을 받지 않는 가상공간에서의 기하급수적(exponential) 변화가 어떠한 모습으로 나타나는지를 보여 주는 예라고 할 수 있다.

인터넷은 세계의 서로 다른 언어, 인종, 종교, 역사, 문화, 규범을 넘어 이미 하나의 시스템으로 작동하고 있다. 그렇다면 현실공간이 아닌 가상공간인 인터넷을 통해 전 세계에 제공되고 있는 교육 프로그램은 어떤 것이 있는지 살펴보자.

현재 많은 초 · 중 · 고등학교 학생들이 이용하고 있는 '칸 아카데미(Khan Academy, www.khanacademy.org)'를 예로 들어 보자. 칸 아카데미는 방글라데시계 미국인 살만 칸(Salman Khan)이 멀리 떨어져 사는 조카에게 수학을 가르치기 위해 강의 내용을 비디오로 찍어 유튜브에 올린 것으로 시작되었다. 이 동영상을 본 많은 사람들이 좋아했고, 빌 게이츠와 구글이 적극 후원하여 2006년에는 아카데미로 발전하였다.

무료로 운영되고 있는 이 '칸 아카데미'는 K-12 수학과 생물 · 화학 · 물리 등 과학 과목을 비롯하여 컴퓨터공학, 금융, 역사, 예술, 경제 등의 교육 프로그램을 제공하고 있다. 4,000여 개의 동영상을 보유하고 있으며, 2012년 1년 동안 전 세계 210여 개국의 약 4,300만 명이 이용했다. 이 프로그램은 23개 언어로 수강이 가능하다.

한편, 메사추세츠 공과대학(MIT) 등이 2002년부터 시작한 오픈 코스웨어(Open Courseware: OCW)는 대형 공개 온라인 코스인 무크(Massive Open Online Course: MOOC)로 발전하고 있다. 단순히 강의 동영상을 올려 두었던 오픈코스웨어는 수많은 사람이 동시에 접속할 수 있고 상호 의견을 교환하여 시너지 효과를 볼 수 있도록 구안된 무크로 발전하여, 그 이용자는 점점 늘고 있다.

대표적인 무크는 MIT 공과대학, 하버드 대학교, UC 버클리, 텍사스 대학교, 웩슬리 대학교, 조지타운 대학교 등이 참여하고 있는 '에드엑스(edX, www.edx.org)'로서 2011년 가을 학기에 42만 명이 등록했다. 스탠퍼드 대학교, 펜실베이니아 대학교, 프린스턴 대학교, 미시간 대학교가 참여하는 '코세라(www.coursera.org)'는 200여 개의 강의가 개설되어 있으며, 수강인원이 200만 명을 넘어서고 있다.

이 외에도 스탠퍼드 대학교 컴퓨터학과의 세바스찬 스런(Sebastian Thrun) 교수가 운영하고 있는 '유다시티(www.udacity.com)' 에도 수십만 명의 학생이 수강하고 있다. 영국에서도 2012년 말 8개 대학이 컨소시엄을 구성하여 '퓨처런(futurelearn.com)'을 설립하였다. 대부분의 무크는 더 많은 사람이 참여하도록 하기 위해, 또한 더 좋은 아이디어를 얻기 위해 콘텐츠를 무료로 개방하고 있다.

이와 같이 국경의 의미가 약해지고 콘텐츠가 중요해지는 글로벌 시대가 점점 더 가까워져 오고 있다. 이러한 글로벌 교육 프로그램은 그동안 말로만 강조되었던 학습사회(learning society)와 평생교육(lifelong learning)이 글로벌화 되는 시대가 오고 있음을 보여 준다. 글로벌 시대의 교육은 그동안 학교와 대학에서 돈을 받고 교과서에 담아 제공하던 지식이나 정보보다 더 많고 좋은 내용을 담은 콘텐츠를 국경을 초월하여 무료로 개방하고, 모든 사람이 공유함으로써 더 풍성한 콘텐츠와 새로운 아이디어를 만들어 내는 방향으로 발전하고 있다.

이러한 시대적인 변화를 고려했을 때 우리 학교의 교육방식은 종래의 주입식 교육방식을 탈피하여 사회학습(social learning) 방식을 수용하는 방향으로 발전해 나가야 한다. 우리 정부와 학교가 이러한 글로벌 수준의 변화에 대응해 나갈 수 있어야만 학생들이 지금과 같은 시대에 뒤떨어진 교과서 중심 교육방식의 희생자가 되지 않을 것이다.

3. 미래 지향적 교육 · 학습 패러다임: 과제중심 협업 모형

글로벌 학습 콘텐츠의 개방과 공유로 인해 학습에 필요한 지식과 정보가 무제한적으로 공급되는 시대가 도래하였다. 과거에는 지식과 정보가 권력이 있거나 경제력이 있는 특권층이나 특별히 공부를 많이 한 사람의 전유물이었다. 그렇게 귀한 지식과 정보가 이제는 누구에게나 언제 어디서나 입수가 가능해졌다. 마치 수도꼭지를 돌리면 물이 나오고, 전기 스위치를 누르면 전깃불이 들어오듯이, 마우스를 누르면 원하는 지식과 정보를 무료로 얻을 수 있게 된 것이다.

과거에는 물을 우물에서 길어 와서 집의 양동이에 보관해야만 사용할 수 있었다. 집집마다 양동이에 물을 보관해 두는 것은 필요할 때 쓰기 위해서다. 이것은 마치 개개인의 머릿속에 필요한 지식과 정보를 넣어 두는 것과 같다. 개인의 머릿속에 지식과 정보가 없으면 일을 할 수 없었기 때문이다. 물론 모든 지식과 정보가 인터넷상에 있다고 하더라도 "아는 만큼 보인다."는 말과 같이 기본적인 지식이 있어야 인터넷상의 산더미 같은 지식 속에서 자신에게 필요한 지식을 찾아낼 수 있다.

하지만 이제 모든 지식과 정보를 개인의 머릿속에 넣어 두기 위해 과거만큼 시간과 노력을 기울일 필요가 없게 되었다. 마치 계산기가 나온 이후 셈하는 것이 다소 서툴러도 일하는 데 큰 불편이 없어진 것과 같다. 그리고 머릿속에 지식이 들어 있는지를 평가하는 시험을 치러야 하는 필요성이 약화되고 있다.

과거에 선생님은 지식과 정보의 보고였기 때문에 학생은 선생님이 가지고 있는 지식을 얻기 위해 선생님의 말을 고분고분 잘 들어야 했다. 하지만 이제는 학생이 스스로 필요한 지식을 얻을 수 있는 시대가 되었다. 과거의 주입식 교육방식은 더 이상 의미를 갖지 못하게 되었다. 그렇다면 교육방식도 변할 수밖에 없을 것이다.

창조경제의 기본인 좋은 콘텐츠는 많은 사람이 아이디어를 제공해서 공동으로 만들어 나가야 한다. 그렇게 하기 위해서는 좋은 콘텐츠를 만들 수 있는 개방된 사회적 구조를 가져야 한다. 가상공간은 이미 전 세계의 모든 사람을 대상으로 사회학습의 기회와 무료 콘텐츠를 제공하고 있다. 그리고 일상생활에서의 학습은 공개적인 공간에서 지식과 정보를 서로 나누고 즐기면서, 공통의 새로운 지식과 정보를 만들어 나가는 과정에서 자신의 마인드맵을 발전시켜 나가는 방향으로 나아가고 있다.

예를 들면, 빌 게이츠와 같은 전 세계 유명인과 전문가의 강의를 무료로 제공하고 있는 'TED(technology, entertainment, design)'의 학습방식이 새로운 사회학습 방식의 하나다. TED는 스마트 기기를 이용하여 많은 사람이 전파할 가치가 있는 아이디어를 내고 서로 토론하고 즐기면서 스스로 자신의 마인드맵을 디자인해 나가는 학습방식이다. 국내에서는 카이스트(KAIST)의 IP 영재기업인 교육원이 이러한 TED 학습방식을 시도하고 있다. 카이스트의 IP CEO 모형은 〈표 1-4〉와 같은 구조로 되어 있다.

자세히 살펴보면, 카이스트의 IP CEO 모형은, 먼저 전문가가 문제를 제기하는 시간을 간단히 갖는다. 이 과정에서 문제가 소개되고, 해결해야 할 과제가 제시된다. 둘째, 주어진 과제를 해결하기 위해 그룹을 나누고, 그룹별로 자유로운 토론을 거쳐 과제를 해결할 수 있는 아이디어나 계획을 도출한다. 셋째, 도출된 아이디어나 계획을 그룹별로 발표하고, 동료 및 전문가의 논평과 조언을

〈표 1-4〉 IP CEO 모형: 과제중심 협업 모형

협업 과정	협업 내용	협업 활동
전문가 문제 제기 (Issue-Posting)	교육을 통한 문제 제기	2명의 전문가가 이슈에 대해 강의(20%)
협업, 토론 (Collaboration)	조별 토의를 통한 아이디어 도출	열린 토론 → 자기조직화(70%)
발표, 전문가 평가 (Elaboration)	발표, 평가 (peer review)	발표와 상호 평가(10%)
특허, 사업계획서 등 차별화된 실적(Outlying)	사후관리를 통한 실적화	멘터링을 통한 아이디어 구체화 및 실적화

출처: 카이스트의 IP CEO 모형을 참고하여 수정 및 보완함.

듣는다. 넷째, 수정 및 보완된 아이디어나 계획을 구체화하여 연구나 사업으로 제시한다.

카이스트의 IP CEO 모형을 따르면, 학교에서는 교사가 전문가 역할을 해야 할 것이다. 이 과정에서 가장 중요한 것은 70%의 시간과 노력이 집중되고 있는 두 번째 협업(collaboration) 과정이라고 할 수 있다. 협업에서 가장 중요한 것은 다른 사람과 협동하여 더불어 일할 수 있는 사회성이나 감성과 같은 인성 능력과 여러 가지 변수를 종합적으로 충분히 고려할 수 있는 잘 훈련된 사고력이다. 앞으로의 교육과 학습에서 인성과 사고력이 중요한 이유가 바로 여기에 있다.

제 2 장

한국 교육의 현실

1. 우리 교육의 모습

전통적으로 우리 사회는 전인교육을 지향해 왔으며, 그동안 이상적으로 생각해 온 홍익인간의 이념은 자연스럽게 우리 교육의 목표로 자리를 잡았다. 홍익인간은 세상을 널리 이롭게 하는 인간상을 내포하고 있으므로 교육의 목표로서 전통사상을 적절하게 잘 함축하고 있다. 또한 해방 이후 들어온 각종 민주적 제도는 우리 교육에 적용되어 절차와 과정으로서뿐만 아니라 목적으로서의 민주적인 교육이 중요한 목표로 자리 잡았다. 그러므로 '홍익인간'과 '민주교육'은 우리 교육의 핵심적인 목표이면서 비전이라고 할 수 있다.

한편, 한국의 교육은 1995년에 다시 새로운 교육의 목표를 추가하였다. 이것은 누구나, 언제, 어디서나 학습할 수 있도록 하는 '학습사회'의 실현과 '평생교육' 이념이다. 하지만 새로운 이념이 들어온 지 20년 가까이 되었으나 교육의 현실은 크게 변하지 않고 있다. 그동안 문제로 생각해 온 시험중심의 교육은 여전히 우리 교육의 문제로 남아 있다. 정부가 바뀔 때마다 항상 새로운 교육개혁을 내세우며 끊임없이 바꾸어 나가고 있지만 핵심적인 문제는 그대로 남아 있다. 그 이유는 무엇일까? 바로 교육의 핵심적인 문제를 제대로 짚어 내지 못하기 때문이다. 그렇다면 우리 교육의 핵심적인 문제는 어디에 있는가?

[그림 2-1]에서 보여 주듯이, 학생의 능력은 신체적, 지적, 사회적, 도덕적, 정서적 능력으로 나누어 볼 수 있다. 각 능력별로 우리나라 학생들의 문제들을 살펴보자. 첫째, 우리나라 학생들의 신체적 능력은 걱정되는 부분이 많다. 예전에 비해 체격은 좋아지고 있지만 운동 부족으로 체력이 많이 떨어지고 있다고 볼 수 있다. 최근 학생들은 컴퓨터 게임을 많이 하고 스마트폰에 몰두 하다 보니 시력이 약화되고 있고, 그만큼 운동량도 적어져 비만의 정도가 심해지고 있다. 이를 개선하기 위해서는 학부모와 학생의 인식 변화는 물론 실천 의지가 매우 중요하다.

둘째, 지적 능력 부분은 [그림 2-1]에서 보여 주듯이 세계적인 수준이다. 국가 간 학력 비교로 볼 수 있는 국제학업성취도평가(Program for International Student Assessment: PISA)에서 한국의 청소년들은 항상 최상위의 성적을 보여 주고 있다. 그런데 문제는 한국의 학생들이 공부에 투입하고 있는 시간은 OECD 평균의 1.5배에 이른다는 것이다. 평일 하루 학습시간을 보면, 한국 학생은 8시간 55분, 일본 학생은 6시간 22분, 그리고 핀란드 학생은 4시간 22분 등이다(김기헌, 안선영, 장상수, 김미란, 최동선, 2009). 한국 학생들은 하루에 공부하는 시간이 너무 많으며, 이것은 비교적 공부를 많이

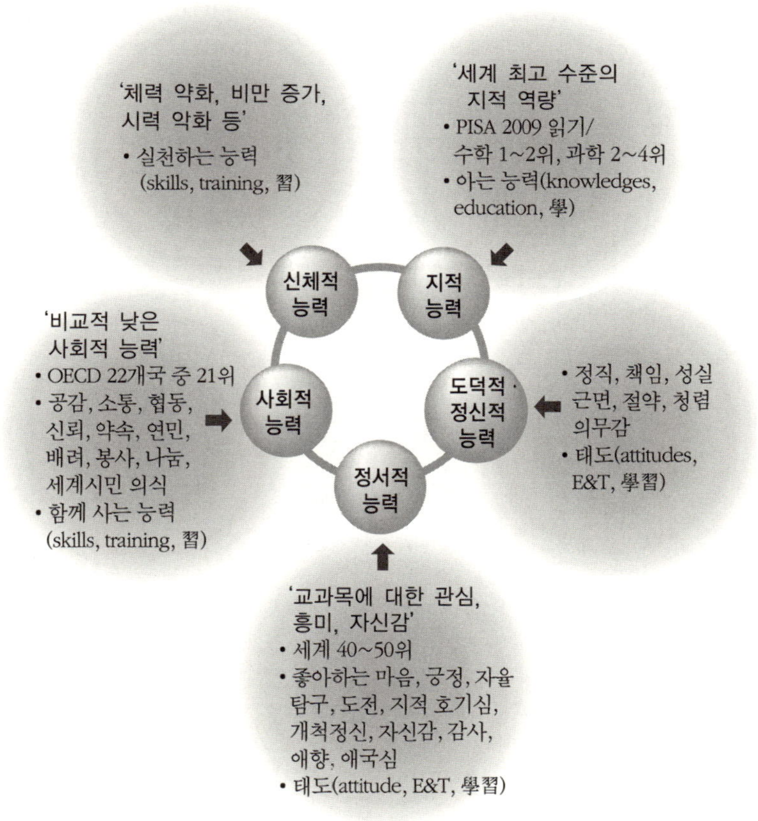

[그림 2-1] 한국 학생의 신체적 · 지적 · 사회적 · 도덕적 · 정서적 능력 수준

출처: Marsh (2006); OECD (PISA, 2009); Wilkins (2004).

하는 다른 동아시아 국가들과 비교해도 높은 수치다. 또한 주요 과목에 치중하여 공부하느라 예체능 과목에 할당하는 시간이 적어지는 등 감성과 사회성 발달을 위한 시간을 내지 못하는 문제를 안고 있다.

셋째, 한국 학생들의 사회적 능력은 [그림 2-1]에서 보여 주듯이 '공감, 소통, 협동, 신뢰, 약속, 연민, 배려, 봉사, 나눔, 세계시민 의식' 등이다. 우리 학생들의 사회적 능력은 조사에 응한 OECD 22개국 중 21위로서 비교적 낮은 편이다. 우리 학생들은 다른 사람과 공감하고 소통하는 능력, 배려하고 나누는 능력, 그리고 협동하는 능력 등이 부족하다. 사회적 능력은 전체적으로 더불어 사는 능력을 나타내는 것인데, 우리 학생들이 '공부만 하고 자기만 아는' 모습인 것 같아 안타깝다.

넷째, 우리 학생들의 도덕적 능력은 '정직, 책임, 성실, 근면, 절약, 청렴, 의무감' 등이다. 우리 사회는 전통적으로 근면하고 성실한 인성을 중요하게 여겨 왔기 때문에 열심히 일하는 모습으로 잘 나타나고 있다. 공부 시간이 OECD 평균의 1.5배에 달하는 것은 이와 같은 근면하고 성실한 모습의 한 단면이라고 할 수도 있다. 그러나 우리 사회가 전체적으로 정직하고 절약하는 면에서 부족한 부분이 있기 때문에 학생들의 경우에도 개선의 여지가 분명히 있다. 도덕적 능력은 국가 간 문화와 전통이 많이 다르기 때문에 국제 비교 자료가 거의 없으며, 있다고 해도 비교의 의미가 약하다고 볼 수 있다.

다섯째, 학생들의 정서적 능력은 '교과목에 대한 관심, 흥미, 좋아하는 마음, 긍정, 자율, 탐구, 도전, 지적 호기심, 개척정신, 자신감, 감사, 애향, 애국심' 등이다. 우리 청소년들의 정서적 능력은 세계 40~50위로서 매우 낮은 편이다. 아시아 국가들이 대체로 낮은 편이지만, 한국은 아시아 국가 중에서도 가장 낮은 수준이다. 이것은 우리 학생들이 자발적으로 공부하기보다는 부모나 교사가 시켜서 하는 경향이 있기 때문에 공부하는 시간이 많으면 많을수록 좋아하는 마음은 낮아지는 것으로 이해할 수 있다.

학업성취와 관련된 국제학력비교(PISA) 자료를 분석한 OECD의 자료를 보면 우리 교육의 좋은 점은 다음과 같다. ① 언어, 수학, 과학 등의 분야에서 학업성취 수준이 국제적으로 비교적 높다. ② 최고 수준의 집단과 최저 수준의 집단 간 차이가 비교적 적다. ③ 학부모의 경제적인 수준에 의한 영향을 비교적 적게 받는다. ④ 도시와 농 · 산 · 어촌 간 차이가 비교적 적다. 이러한 것들은 다른 국가들과 비교해서 상대적으로 좋은 점이다.

반면, 우리 교육의 좋지 않은 점은 다음과 같다. ① 학생들이 학교와 학원 등에서 보내는 시간이 너무 많다. 따라서 학생들이 예체능 활동을 하거나 취미활동을 하는 시간이 적다. ② 수학이나 과학 등의 교과목에 대한 학생들의 흥미도가 낮고, 자신감이 낮다. 같은 동아시아 국가인 싱가포르와 홍콩도 비슷하게 낮긴 하지만, 일본은 비교적 높은 편이다. ③ 서로 협동하거나 함께 더불어 사는 사회적인 능력이 비교적 낮다. ④ PISA에서 최우수 집단에 속하는 학생의 비율이 상대적으로 적다.

우리 교육이 최고와 최저 수준 집단 간 차이가 적은 점, 부모의 경제적인 영향을 적게 받는 점, 그리고 도시와 농 · 산 · 어촌 간 차이가 적은 점들은 자랑할 만한 장점들이다. 그러나 수학과 과학 교과목에 대한 흥미와 자신감이 낮은 점, 서로 협동하거나 더불어 사는 능력이 낮은 점, 그리고 최우수 집단층이 두텁지 못하다는 단점들은 앞으로 우리 교육이 해결해 나가야 할 과제임을 말해 준다.

2. '덕(德)' 교육의 중요성

전통적으로 우리 사회는 '지덕체'를 고루 겸비한 사람을 전인으로 이해하고 교육을 통해 이를 이루고자 하였다. 앞에서 소개한 다섯 분야 중 신체적 능력은 '체'에 해당하고, 지적 능력은 '지', 그리고 사회적 · 도덕적 · 정서적 능력은 '덕'에 해당한다. 동아시아 국가의 청소년들이 공부를 열심히 하는 것도 동아시아 사회 전체가 '지'의 중요성을 그만큼 강조해 왔기 때문이다. 그러나 영국 등의 서양 사회는 "건전한 신체에 건전한 정신이 깃든다."는 믿음을 가지고 있으며, 따라서 '체-덕-지'의 순으로 이해하고 있다.

최근 우리 사회에서 학교폭력이 사회적 문제로 대두되면서 가정과 학교에서 청소년의 사회적 · 도덕적 · 정서적 능력의 발달을 위해 인성교육을 새롭게 해야 한다는 자성의 소리가 높아지고 있다. 또한 21세기를 맞아 감성의 중요성이 강조되면서 그동안 소홀하게 생각했던 정서적 능력이 새롭게 조명되고 있다. 앞서 제시한 다섯 가지 능력 중 신체적 능력과 지적 능력은 비교적 우리 모두 관심을 가질 수 있도록 노출되어 있지만, 사회적 · 도덕적 · 정서적 능력은 잘 노출되지 않는 특성이 있다. 이것은 [그림 2-2]에서 보여 주듯이, 마치 빙산이 바다 위로 노출된 부분(10%)과 바다 속에 잠겨 있는 부분(90%)으로 구성된 것을 비유적으로 연상해 볼 수 있다.

한국의 청소년들은 공부를 좋아서 하기보다 시켜서 하는 경향이 많고, 그렇기에 공부에 대한 흥미, 관심과 자신감이 낮은 편이다. 흥미, 관심, 자신감과 같은 정서적 능력은 우리 마음의 가장 깊은 곳에 자리하고 있으며, 우리 마음과 몸을 움직이는 힘을 가지고 있다. 공부뿐만 아니라 어떤 일을 하도록 하는 원동력은 바로 '좋아하는 마음' '하고 싶어 하는 마음'과 같은 정서적 능력이다. 수학이 어려워 공부하기 싫어도 수학 선생님이 좋으면 열심히 공부하게 되는 것은 바로 이러한 사실을 증명해 주는 좋은 예가 될 수 있다. 그동안 우리 사회는 이 정서적 능력에 대해 관심을 갖지 못했다. 우리의 유교적인 전통문화는 개인의 좋아하는 감정을 표현하는 것을 장려하기보다는 절제하고 억누르는 것을 미덕으로

[그림 2-2] 빙산에 비유한 다섯 가지 능력

생각하는 경향이 있었다.

최근 사회정서적 능력이 지적 능력을 향상시킴으로써 결과적으로 학업성취를 향상시킨다는 연구들이 나오고 있다(Durlak, Weissberg, Dymnicki, Tayor, & Schellinger, 2011). 미국의 213개 유치원부터 고등학교까지의 학생 약 27만 명을 대상으로 조사한 결과, 사회정서학습(social and emotional learning)을 경험한 학생은 그렇지 않은 학생에 비해 ① 사회정서적 기술이 좋아졌고, ② 자신과 다른 학생 그리고 학교에 대해 긍정적인 태도를 가졌으며, ③ 친사회적인 행동을 보였고, ④ 불량행동이나 공격적인 행동을 해서 문제를 일으키는 일이 줄어들었으며, ⑤ 스트레스나 침체감 등 정서적 곤경을 적게 겪고, ⑥ 학업성취도 평가에서 11%의 향상을 보였다. 즉, 사회정서학습을 받은 학생은 학습 태도가 좋아지고, 학교생활에 긍정적인 태도를 보였으며, 학교폭력 등 파괴적이거나 반사회적인 행동을 더 적게 나타냈다. 무엇보다 의미 있는 것은 학력이 향상되었다는 점이며, 이로써 사회정서학습의 필요성과 중요성이 새롭게 인정받게 되었다.

최근 세상의 거의 모든 지식과 정보가 인터넷을 통해 쉽게 얻을 수 있게 되면서 지식과 정보의 가치보다 이 감성 능력의 가치가 더욱 중요하게 인식되는 시대가 다가오고 있다. 따라서 우리는 이에 대비해 나가야 한다. 한국교육개발원이 매년 실시하고 있는 교육여론조사(KEDI Education Poll)에서도 우리 교육에서 가장 중요한 문제로 생각하는 것이 바로 '인성교육'이라는 점을 상기할 필요가 있다.

3. '느끼고 생각하고 도전하는 능력'을 위한 교육

기성세대는 그동안 주변을 돌아볼 겨를도 없이 앞만 바라보고 달려온 세대였으며, 국가 수준에서도 그러하였다. 그러나 이제 우리나라는 개발도상국의 수준을 넘어 선진국으로 발돋움하고 있으므로 개인 차원에서도 주변의 어려운 사람을 돌보면서 함께 살아가도록 노력해야 한다. 따라서 [그림 2-3]과 같이 글로벌 시대에 맞게 새롭게 조명되고 있는 교육을 재개념화해 나갈 필요가 있다.

[그림 2-3]은 사람의 활동을 알기 쉽게 머리, 마음, 몸으로 나누어 표현하고 있다. 머리는 알고, 생각하고, 이해한다. 마음은 느끼고, 공감하고, 나눈다. 그리고 몸은 실천하고, 도전하고, 봉사한

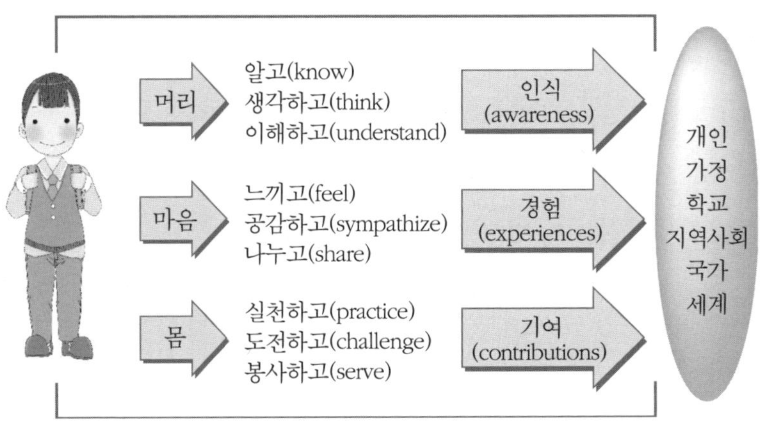

[그림 2-3] 지덕체의 충실한 성숙과 발전을 위한 교육 재개념화의 방향

출처: 차성현(2012), p. 17의 그림을 재구성함.

다. 그림에서는 마음이 가슴에 있는 것처럼 보이지만, 실제로 머리와 마음은 생각하고 느끼는 두뇌 속에 마인드(mind)로 통합되어 있다. 그러므로 크게는 느끼고 생각하는 마인드(mind)와 움직이는 육체(body)로 나누어 생각할 수 있다.

우리 교육은 [그림 2-3]에 나타난 여러 활동 중 현재 '알고' 분야는 잘하고 있지만, 나머지 분야, 즉 '생각하고, 이해하고, 느끼고, 공감하고, 나누고, 실천하고, 도전하고, 봉사하고' 분야는 부족한 부분이므로 노력이 필요하다. 그러므로 앞으로 우리의 인성교육은 그동안 중요시해 온 도덕성 교육은 물론, 느끼고 좋아하는 감성교육과 소통하고, 봉사하는 사회성 교육이 중요한 내용이 되어야 한다.

우리가 현재 잘하지 못하고 있는 부분인 '생각하고, 이해하고, 느끼고, 공감하고, 나누고, 실천하고, 도전하고, 봉사하고' 분야는 인성의 향상과 밀접한 관계를 갖지만, 우리가 21세기 교육에서 중요시해야 할 창의성과도 밀접한 관계를 갖는다. 느끼는 것은 가장 원초적인 인식 과정이며, 생각은 느낌으로부터 시작한다. 더 나아가면, 느낌은 바로 생각 그 자체라고 할 수 있다. 제3부에서 좀 더 자세히 논의하겠지만, '느끼고, 생각하고, 이해하고, 도전하는 능력'이야말로 창의성 발달에 필수적이다.

제 3 장

세계 교육의 위기와 변화를 위한 접근

1. 세계 교육의 위기

대부분의 국가에서 학교교육은 위기에 처해 있으며, 따라서 교육개혁이 필요하다는 주장이 공통적으로 제기되고 있다. 국가마다 교육개혁을 내세우고 있지만 개혁의 방향과 내용은 서로 다르다. 예를 들면, 미국에서 2002년 도입된 「아동낙오방지법(No Child Left Behind: NCLB)」은 기초학력이 부족한 학생을 집중적으로 지원하기 위한 것이며, 2009년 도입된 '정상을 향한 경주(Race to the Top)'는 고등학생의 중도 탈락을 감소시키고 최소한 2년 이상의 고등교육을 받도록 하기 위한 것이다.

영국의 경우에는 1988년에 국가교육과정(National Curriculum)을 도입함으로써 그동안 지방별로 자유롭게 운영하고 있던 학교교육에 대해 중앙의 통제를 강화하고 있다. 한국의 경우, 1995년 교육개혁위원회가 교육개혁안을 발표하였으며, 그중 대표적인 것은 평생교육 이념이다. 이는 그동안 점수 위주의 지나친 경쟁 중심의 교육으로부터 학생들의 잠재력을 최대한 개발시킬 수 있는 방향, 즉 누구나, 언제, 어디서나 교육받을 수 있도록 하는 평생교육의 진흥을 위해 노력해 나가기로 한 것이다.

우리는 교육개혁을 위한 교육위기 현상에 대한 진단이 제대로 된 것인지 성찰해 보아야 한다. 교육 문제를 국제적인 차원에서 가장 먼저 제기한 사람은 쿰즈(Coombs)다. 쿰즈는 1961년 미국의 케네디 대통령에 의해 당시 미 연방정부 교육문화성의 제1차관으로 임명되었다. 그는 경제학자이지만 교육에 높은 관심을 가지고 미국의 교육체제를 점검하고 변화의 필요성을 주장하였다. 그는 미국의 모든 학교구가 예산의 2%를 연구에 투입하고 이를 관리할 사람을 두어야 한다는 주장을 하기도 했다.

쿰즈는 차관으로 재임 중 파리의 유네스코 본부로 가서 세계 각국의 교육발전을 자문해 주기 위해 국제교육계획연구소(International Institute for Educational Planning: IIEP)를 설립하였다. 미국 교육체제의 변화가 느린 데 대해 만족하지 못한 그는 1962년 차관직을 사임하고, 자신이 만든 유네스코 국제교육계획연구소의 소장을 맡아 1963년부터 1968년까지 봉사하였다. 쿰즈는 1992년 은퇴할 때까지 국제경제 발전위원회(International Council of Economic Development)의 부의장과 의장직을 수행하였다.

1968년 쿰즈는 유명한 「세계 교육 위기: 체제분석(The World Educational Crisis: A Systems Analysis)」이라는 보고서를 발표하였다. 이 보고서는 교육체제의 위기 상황에 대한 진단과 대응을 위한 체제 변화의 필요성을 처음으로 언급하여 국제사회의 뜨거운 관심을 불러일으켰다. 보고서에서 쿰즈는 교육의 문제는 선진국이나 개발도상국을 막론하고 공통된 문제이고, 따라서 교육은 개별 국가의 문제라기보다 세계적인 문제이며, 세계의 교육은 위기에 처해 있다고 규정하였다.

그의 위기 진단은 이러하다. 즉, "1945년 이후 세계의 모든 국가는 과학과 기술, 경제와 정치적인 사건들, 인구와 사회구조 등에 있어서 엄청나게 빠른 환경적 변화를 경험하고 있다. 교육체제도 이전보다 빠르게 성장하고 변화해 왔지만, 다른 분야에 비해 변화의 속도가 너무 느리다. 결과적으로 교육체제와 다른 환경 요인 사이의 발전 속도 차이로 인해 발생하는 큰 격차가 세계적인 교육 위기의 핵심이다."(Coombs, 1968)

교육체제와 환경 요인들 간에 존재하는 주요 격차들을 살펴보면, ① 지식의 발전과 학생들의 실제적인 학습 필요를 비교해 볼 때, 변하지 않고 오래된 교육과정 내용의 진부함이 점차 커짐, ② 사회의 발전 수요와 교육 공급 사이의 불일치, ③ 고용과 교육 사이의 불균형과 부조화, ④ 다른 여러 사회 집단 간에 존재하는 심각한 불균등, 그리고 ⑤ 국가가 투자할 수 있거나 기꺼이 부담하려고 하는 재원과 교육 비용 간의 격차 등이다.

쿰즈의 보고서는 이러한 격차가 벌어지는 이유를 다음 네 가지로 설명하고 있다. ① 교육을 위한 국민 열망의 가파른 증가, ② 재정 등 극심한 자원 부족, ③ 새로운 외부의 필요성을 수용하는 데 느린 교육체제의 내재적인 무력한 타성, 그리고 ④ 전통적인 태도, 종교적인 관습, 사회적인 위신과 제도적인 구조 등 사회 자체의 무력한 타성이 국가 발전을 위해 인재를 양성하기 위한 교육의 추진을 가로막는 것 등이다. 다시 말해서, 교육체제와 환경 요인 사이에 발생하는 커다란 격차의 이유는 교육 내적인 요인은 물론 사회적인 요인에 있다는 것이다. 쿰즈는 이러한 생각을 바탕으로 다음과 같이 제안하고 있다.

이러한 격차를 그냥 두면 불가피하게 교육체제를 갈라지게 하고, 심지어는 사회를 갈라지게 할 것이다. 교육계가 이런 문제를 스스로 해결하기를 기대할 수 없는 것은 이 위기가 교육뿐만 아니라 사회 전체와 경제 등을 망라하고 있기 때문이다. 그러므로 교육체제가 사회 여러 분야의 최고 인재들과 국제사회의 도움을 받지 않으면 이 격차 문제를 해결할 수 없으며, 특히 교육의 질, 효율성, 타당성과 생산성을 올리기 위해 사회 여러 분야의 도움은 반드시 필요하다. 그러므로 교육계는 변화를 위한 모험을 감내할 수 있는, 스스로를 객관적으로 평가할 수 있는 단호한 의지가 필요하며, 사회로부터 좋은 교육을 위해 필요한 재정과 아이디어, 심지어 사회의 용기 있는 결단력 등의 도움을 필요로 한다.

쿰즈의 보고서는 교육 문제를 해결하기 위해 사회 전체의 결단과 노력이 필요하다는 주장을 함으로써 문제를 접근하는 지평을 넓힌 점에서 크게 기여하였다. 교육 문제는 교육계에 종사하는 교사의 잘못이 아니라 사회 변화에 비해 느릴 수밖에 없는 공교육의 특성 때문이라는 점을 분명히 하고 있다. 그는 당시 시대적으로 요청되는 근대화와 국가 발전을 위해 급속하게 발전하는 사회 환경의 변화 기대를 충족시키지 못하는 학교와 대학 등 정규교육(formal education)의 문제점과 한계를 분명히 지적하였다.

2. 교육의 변화를 위한 접근

학교교육이 가지고 있는 문제를 지적하고 대안을 제시하고자 하는 집단을 크게 급진적 인본주의 집단, 대안학교 집단, 그리고 학습사회와 평생교육을 주장하는 집단 등 세 가지 입장으로 나누어 볼 수 있다.

1) 급진적 인본주의적 접근

첫 번째 집단은 '급진적 인본주의 입장'을 가진 개혁주의자들이다. 급진적 인본주의를 대표하는 일리치(Ivan Illich)는 교육이 사회적인 변화를 따라가지 못하는 이유가 '형식'에 있다고 보았다. 그는 교육의 형식은 껍데기이고 실제로 필요하고 중요한 내용이 아니기 때문에 '제도화된 형식'을 버려야 한다고 주장하였다.

일리치는 『학교 없는 사회(*Deschooling Society*)』(1971)에서 졸업장과 자격증을 주는 제도화된 교육(institutionalized education)은 진정한 교육이라고 할 수 없다고 말했다. 그는 제도화된 교육은 제도화된 사회로 나아가도록 하기 때문에 반대하였다. 졸업장이나 자격증과 같이 소유를 위한 교육은 진정한 인간적인 교류와 인성의 발전을 가져올 수 없기 때문에 그런 교육을 하는 학교는 폐지되어야 한다고 주장하였다. 교육의 문제는 졸업장이나 자격증과 같은 공식적인 형식이 가지고 있는 문제이므로 형식을 해체해야 한다는 입장이다.

일리치는 기술과 문명의 발달이 인간을 해롭게 한다고 믿고 더 이상 발전시키지 않아야 한다고 생각하였으며, 무정부주의적인 입장을 지지하였다. 지식의 상품화에 의해 교육이 강대국이나 정부에 의해 착취될 수 있는 소유의 대상이 된 것, 학습은 이를 위한 도구인 것, 그리고 학교가 이러한 행위를 합법화해 주는 것으로 이해하고 비판하였다. 일리치는 지식이 소유를 위한 것이 아닌 인간 존재를 위한 것이어야 한다고 주장하였다. 그는 낙태를 반대하는 로마교황청의 입장을 비판하여 신부직을 그만두었으며, 라틴아메리카 국가들이 강대국에 의해 착취당한 것에 대해 비판적인 입장을 취한 소위 해방신학자의 한 사람으로 알려져 있다.

일리치가 걱정하는 것은 모든 학교와 병원이 문제라는 것이 아니라, 이들이 제도화의 한계점에 다다르거나 이를 넘어서면 학교는 학생을 바보로 만들고 병원은 환자를 아프게 한다는 것이다. 그는 제도화의 한계점을 넘어선 학교의 교사나 병원의 의사는 반생산적이 된다고 하였다. 그는 인간적이고 자유분방한 학교를 강조하였으며, 그가 생각하는 학습망(learning webs)은 비정규 교육(nonformal education)이나 무형식 교육(informal education)과 유사한 성격을 가지고 있다.

한편, 라이머(Everett Reimer)는 일리치와의 15년간에 걸친 대화와 토론 끝에 『학교는 죽었다(*School Is Dead*)』(1971)라는 저서를 내놓았다. 라이머는 강대국을 위한 교육, 가진 자를 위한 교육으로부터 약소국을 위한 교육, 가지지 못한 자를 위한 교육을 하는 학교가 되어야 한다는 믿음을 제시하였다. 현재 학교가 그런 기능을 수행하지 못한다면 그것은 죽은 학교와 같다는 것이다. 그리고 그는 모든 사람, 모든 활동은 학습자원이므로 이를 활용해야 한다는 생각을 보여 주었다. 평생교육과 학습사회가 학교교육의 한계를 보완해 주어야 한다고 보았다. 이와 같이 일리치와 라이머는 비정규 교육과 무형식 교육의 중요성을 강하게 주장하고 있다.

프레이리(Paulo Freire)도 비슷한 시기에 학교교육에 대해 비판적인 입장을 보였다. 프레이리는 가치 중립적인 교육은 없다고 생각했다. 그는 교육자가 젊은 세대를 현 체제의 논리에 통합될 수 있도록 체제에 순응하는 교육과, 현실을 비판적으로 보고 세상을 바꾸는 데 참여하도록 하는 교육 중에 선택해야 한다고 보았다. 프레이리는 『페다고지: 억압받는 자들을 위한 교육(*Pedagogy of the Oppressed*)』(1968)에서 사회를 억압하는 자와 억밥받는 자로 구분하고, 대부분의 학교교육은 억압하는 자를 위한 교육임을 비판하면서 억압받는 자를 위한 교육을 해야 한다고 주장하였다.

프레이리는 어떻게 하면 젊은이들이 자유를 실천하도록 교육할 수 있는지에 모든 관심을 두었다. 특히 국제적으로 강대국으로부터 식민의 경험이 있는 약소국에서 어떻게 하면 자주의식을 가진 젊은 세대를 양성할 수 있을지에 대해 고민하였다. 그는 1960년대 초 문맹자는 대통령 선거권이 없는 브라질에서 45일만에 300여 명의 사탕수수 노동자가 글을 읽을 수 있도록 하는 데 성공하였다. 그는 글을 아는 사람이 사는 좋은 집과 글을 모르는 사람이 사는 좋지 않은 집을 비교해 보여 줌으로써 글을 알면 어떻게 다르게 살아갈 수 있는지를 알게 해 주었다. 노동자와 같은 피지배자의 의식을 일깨워 글을 배우고자 하는 마음을 갖게 한 것이 이런 결과를 낳게 된 것이다.

일리치의 제도화된 교육에 대한 문제 제기와 비판은 정당한 면이 있지만 학교를 폐지해야 한다는 주장은 다소간 비현실적인 면이 있다. 이와 같이 1960년대 일리치, 라이머 그리고 프레이리 등의 소위 제도권교육에 대한 비판은 대안교육의 필요성을 이야기하고 있다는 점에서 깊이 생각해 볼 가치가 있다. 또한 형식교육의 문제와 한계를 넘을 수 있는 비형식 또는 무형식 교육을 어떻게 교육적으로 수용할 수 있는지에 대한 검토가 필요하다.

2) 대안학교적인 접근

학교교육이 가지고 있는 문제를 해결하고자 하는 두 번째 집단은 문자 그대로 '대안학교 집단'이다. 정규 학교의 문제와 한계를 극복하기 위해 자연스럽게 나타난 대안학교는 20세기 초부터 시작되었다. 가장 대표적이면서 오래된 발도르프 학교(Waldolf School)는 오스트리아 출신인 루돌프 스타이너(Rudolf Steiner)가 1919년 독일의 남부 슈투트가르트에서 담배공장 노동자들의 자녀들을 위한 교육을 실시하면서부터 출발하였다.

형식적이고 타율적인 특성으로 인해 정규 학교에서 발생하는 문제와 한계를 극복하기 위해 대안학교는 학생의 '자유 또는 자유의지'를 존중하는 특성을 가진다. 발도르프 학교는 현재 독일은 물론 전 세계적으로 전파되어 초·중등학교는 1,000여 개, 유치원은 1,500여 개에 이르며, 가장 널리 보급된 대안학교다. 우리나라에도 몇 개의 발도르프 학교가 운영되고 있다. 발도르프 학교는 아동의 발달단계에 따라 체계적으로 교육 프로그램을 만들어 적용하기 때문에 대안교육이면서 매우 정교하게 짜여진 교육 프로그램을 따르고 있다.

우리에게 잘 알려진 영국의 섬머힐 학교(Summerhill School)는 1921년부터 시작하였으며, 학생들의 자유의사를 존중한다. 섬머힐 학교는 발도르프 학교와는 달리 체계화된 교육 프로그램을 가지고 있지 않다. 영국 섬머힐 학교로부터 영감을 받아 일본에서는 1992년 '기노쿠니 초등학교'가 자유학교로 문을 열었다. 우리나라에서는 경기도 광주에 있는 100년 역사를 가진 남한산초등학교가 '자율과 자유'를 존중하는 학교경영을 하고 있다. 국가적으로 보면, 덴마크 같은 나라는 민중교육의 아버지라 불리는 니콜라이 그룬트비히(Nikolai Grundtvig)의 영향에 의해 대안학교가 발달해 있다.

미국에서는 1990년대 초에 행함으로써 배우는(learning by doing) 봉사학습(service learning) 개념이 도입되면서, 이를 실천하고 있는 메릴랜드 주의 파인그로브(Pine Grove) 중학교, 일주일에 3일만 학교에 가고 2일은 지역사회에서 인턴을 하도록 하는 로드아일랜드의 메츠 고등학교(Metropolitan Regional Career and Technical Center), 세계의 주요 도시에 분교를 운영하고 있는 마이애미 애드 스쿨(Miami Ad School) 등이 있다. 마이애미 애드 스쿨은 팝 문화에 관심이 있는 학생들을 교육하고 있으며, 뉴욕 브루클린에 있는 학교가 유명하다. 최근에는 대안교육의 하나로 가정에서 교육하는 홈스쿨링(home schooling)이 크게 발전하고 있다.

우리나라의 경우, 대안학교는 도시형과 전원형으로 나누어 볼 수 있으며, 산청간디고등학교, 영산성지고등학교, 이우학교 등 30여 개의 학교가 인가를 받아 운영되고 있다. 또한 전국적으로 인가를 받지 않은 70여 개의 대안학교와, 교회가 운영하는 기독교 대안학교가 80여 개 정도 운영되고 있다.

3) 학습사회와 평생교육적인 접근

공교육의 부족한 점을 보완해야 한다는 세 번째 집단은 사회 전체가 학습사회(learning society)를 구축하여 평생교육(lifelong education)을 해야 한다는 입장이다. 이 주장은 유네스코를 중심으로 유럽의 국가들에 의해 호응을 얻고 있다. 유네스코에서는 1971년 국제교육발전위원회를 구성하여 프랑스의 교육장관과 수상을 역임한 에드가 포르(Edgar Faure)를 위원장으로 하여 1년 반 동안 연구하여 보고하도록 하였다(Faure et al., 1972).

포르의 보고서는 당시 과학과 기술의 발전에서 비롯된 비인간화의 경향을 염려하면서 신체적 · 지적 · 정서적 · 윤리적으로 통합을 이룬 온전한 인간(complete man)을 목표로 교육해야 함을 강조하고 있다. 기술 발전에 의한 비인간화를 극복하기 위해 각 개인이 자신의 문제를 해결할 수 있고, 스스로 결정하며, 결정에 대한 책임을 질 수 있도록 교육해야 한다고 보았다. 온전한 인간을 위한 교육은 일생을 통해 해야 하며(lifelong education), 사회 전체가 이를 위해 노력해야 함을 지적하고 있다(learning society).

포르의 보고서는 학습사회와 평생교육의 중요성을 통합적이고 체계적으로 제시한 최초의 종합 보고서로 볼 수 있다. 이 보고서는 평생교육을 위해 취학 전 교육은 물론 대학과 기업, 산업체 등의 교육적 기능이 매우 중요한 역할을 한다고 지적하였다. 또한 당연한 이야기이지만, 민주적 교육의 중요성과 국가 간 협동과 연대의 필요성도 강조하고 있다. 포르의 보고서는 국제사회의 교육 문제를 접근하는 데 크게 네 가지의 기본적인 가정을 가지고 있다.

첫째, 국제사회는 하나의 공동운명체를 향한 공동의 염원, 문제, 경향, 운동 위에 존재하며, 이를 반영하고 있다. 둘째, 민주주의의 정당성에 대한 확고한 신념을 가지고 있다. 셋째, 교육 발전의 목표는 온전한 인간의 실현이다. 넷째, 종합적인 평생교육은 우리 사회에서 그 필요성이 점차로 증대하고 있는 온전한 인간을 기를 수 있다. 이 네 가지 기본 가정은 한편으로는 가정이면서, 다른 한편으로는 결론이라고 볼 수 있다.

3. 학습사회와 평생교육적인 접근의 중요성

쿰즈의 생각과 포르의 주장은 자연스럽게 학교 밖 교육, 즉 박물관, 미술관 등 지역사회의 공공 또는 민간 기관과 단체가 제공하는 비정규 교육(nonformal education)인 사회교육의 중요성을 강조하는 차원에서 입장을 같이하고 있다. 쿰즈와 아메드(Coombs & Ahmed, 1973)는 〈표 3-1〉과 같이 학습사회가 이루고 있는 교육체제를 새롭게 정립하는 데 기여하였다.

〈표 3-1〉에서 여러 유형의 교육이 가지고 있는 특성을 보면 정규 교육인 학교교육의 한계가 잘 드러나 보인다. 학교교육은 의도적, 형식적, 공식적, 장기적, 조직적, 위계적, 제도적, 타율적인 특성을 갖는다. 바꾸어 말하면, 우리 사회에 존재하는 많은 비의도적, 비형식적, 비공식적, 비장기적, 비조직적, 비위계적, 비제도적, 자율적인 특성을 갖는 교육은 학교교육의 범위를 넘어서는 것이다. 일반적으로 이들을 비정규 교육인 사회교육과 무형식 교육

〈표 3-1〉 교육체제의 구분

교육 구분	정규 교육	비정규 교육	무형식 교육
	학교교육	사회교육	가정교육, TV 등
교육의 수혜자	학생	주민, 직장인, 군인, 고객 등	자녀, 영유아, 청소년
교육의 제공자	학교, 대학	회사, 공장, 군대, 교회, 박물관, 미술관, 도서관, 복지관, 문화센터, 주민자치센터, 학원, 백화점, NGO, 미디어(TV, 인터넷) 등	부모형제(가정), 이웃, 친구, 동료(직장), 놀이터, 여행, 미디어(TV, 인터넷) 등
특성	의도적 형식적 공식적 장기적 조직적 위계적 제도적 타율적	의도적 형식적, 비형식적 비공식적 장기적, 단기적 조직적 비위계적 제도적, 비제도적 자율적, 타율적	비의도적(맥락적) 비형식적 비공식적 장기적, 단기적 비조직적 비위계적 비제도적 자율적

인 가정교육으로 분류할 수 있다.

쿰즈와 아메드는 이들을 모두 포괄하여 학습사회와 평생교육으로 정리하고, 사회 전체가 일생을 통해 교육해야 이런 교육위기적인 문제들을 해소할 수 있다고 보았다. 정규 교육인 학교교육, 비정규 교육인 사회교육, 그리고 무형식 교육인 가정교육을 모두 포괄하는 교육체제를 [그림 3-1]과 같이 도식화할 수 있다. 즉, 규모와 영향력 면에서 가정교육이 가장 중요한 밑 부분을 크게 차지하고 있고, 그 위에 사회교육이 있으며, 학교교육은 사회교육 위에 가장 작게 차지하고 있음을 알 수 있다.

우리는 평소에 교육을 잘하거나 잘하지 못할 때 모든 문제와 책임을 곧바로 학교와 대학으로 연결시켜 생각한다. 그러나 최근 TV 방송과 인터넷 등 대중매체가 청소년의 발달에 미치는 영향력은 평가하기 어려울 정도로 매우 크다. 이것은 교육과 관련된 더 많은 역할과 책임이 가정과 사회에 있음을 의미한다. 그럼에도 불구하고, 학교와 대학은 종종 교육과 관련된 모든 일에 대해 공식

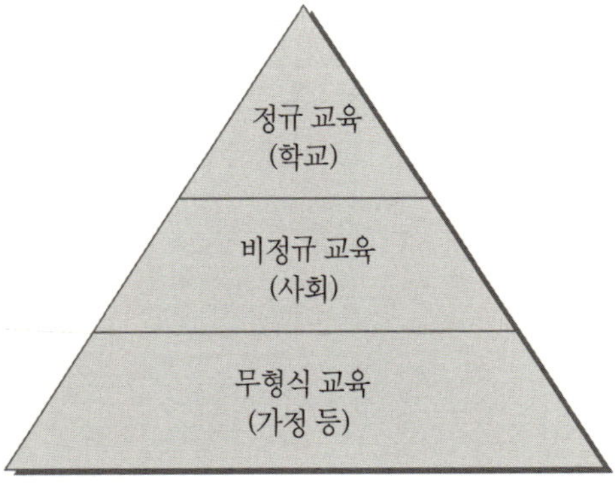

[그림 3-1] 교육체제의 특성에 따른 구분

적인 사회적 책임을 지게 되므로 학교의 교사와 교장은 이를 수용하기 어려워한다.

〈표 3-1〉에 제시된 각 교육 유형의 특성을 살펴보면, 학교교육은 사회교육과 가정교육에 비해 제도적, 위계적, 타율적 등의 특성이 있고, 이러한 특성은 성과를 내기 어렵게 한다. [그림 3-2]는 교수와 학습의 차이를 보여 준다. 학생들은 학교교육보다 사회교육이나 가정교육을 통해 더 많은 학습을 하고 있다. [그림 3-2]는 만약 학교교육이 과제중심이 된다면 학생들은 지식중심의 현행 학교교육보다 더 많은 학습을 할 수 있음을 알게 해 준다.

이와 같이 〈표 3-1〉 [그림 3-1] 그리고 [그림 3-2]를 통해 전체적으로 학교교육의 제한점을 분명히 하고, 가정과 사회 전체가 학습사회로서 기능하며, 일생을 통해 교육해야 할 필요성이 확인되었다. 쿰즈의 보고서와 포르의 보고서는 우리 사회가 맞이하고 있는 많은 교육 문제를 해결하기 위해 전체 사회가 교육하는 학습사

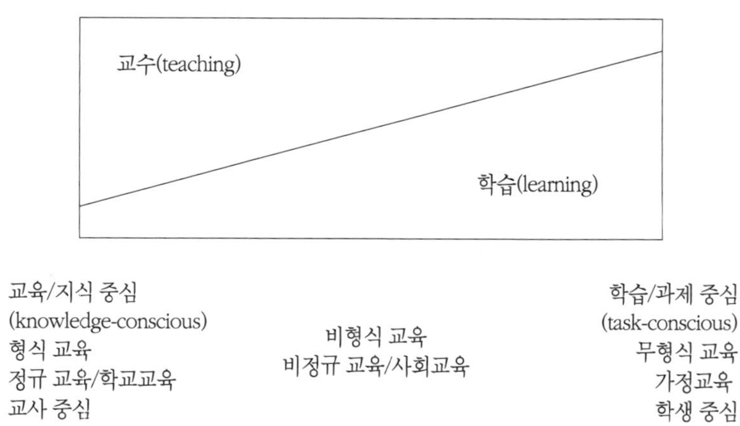

[그림 3-2] 교수와 학습의 비교

회적인 접근이 필요하고, 학교교육으로 제한하기보다 평생교육으로 확대하여 접근해야 교육 문제가 해결되고 교육 위기를 해소해 나갈 수 있음을 확인해 주고 있다. 그러므로 이 보고서들은 어떻게 교육 문제에 접근해야 할지를 알려 주는 귀중한 지침서 역할을 하고 있다.

2

 제2부

글로벌 시대의 교육정책 동향

제 4 장

더불어 살기 위한 학습

1. 더불어 살기 위한 학습

교육은 모든 사람이 마땅히 누려야 할 권리 중의 하나다. 국내에서는 「헌법」을 통해 이를 보장하고 있으며, 국제사회에서는 1948년 유엔총회에서 통과된 '세계인권선언(Universal Declaration of Human Rights)'을 통해 이를 보장하고 있다. 전체 30조로 된 세계인권선언의 제26조에서는 "모든 사람은 교육받을 권리가 있으며, 초등학교와 기초단계의 교육은 무상으로, 의무적으로 하도록 하고 있다."라고 명시하고 있다. 이 권리는 1959년 유엔총회에서 채택된 '세계아동인권선언(Declaration of Rights of the Child)'을 통해 재확인되고 있다.

국제사회의 이러한 노력에도 불구하고 지구상에는 아직도 많은 인구가 글을 익히지 못해 인권을 제대로 누리지 못하는 상태로 살아가고 있다. 이들이 문해 능력을 갖추어 인권을 누릴 수 있도록 도와야 한다는 움직임이 유네스코에 의해 이루어졌다. 유네스코는 1990년 태국의 세계적인 휴양지인 좀티엔(Jomtien)에서 세계교육대회(World Conference on Education)를 열고, '만인을 위한 교육(Education for All: EFA)'을 선언하였다. 대회 참가국들은 이 선언을 통해 20세기 말까지 세계에 문맹자가 없도록 하자는 약속을 하고 의욕을 보였다.

하지만 2000년이 가까이 되었음에도 그 목표를 이룰 수 없음을 확인한 유네스코는 2000년 서아프리카 세네갈의 수도인 다카르(Dakar)에서 다시 한 번 세계교육포럼(World Education Forum)을 열고, 2015년까지 이를 달성하자고 선언하였다.

세계교육포럼에 참가한 회원국들은 '만인을 위한 교육'을 성취하기 위해 다음의 여섯 가지 목표를 2015년까지 달성하기로 합의하였다. 즉, ① 영유아 교육 증진, ② 모든 13세 미만 아동이 양질의 무료 교육을 받을 수 있도록 접근 강화, ③ 청소년과 성인을 위한 교육의 기회 증대, ④ 성인 문해율을 50%까지 개선, ⑤ 학교에서의 성차별 철폐, 그리고 ⑥ 모든 면에서의 교육의 질 개선 등이다.

유네스코는 1990년 태국과 2000년 다카르에서 열었던 세계교육대회를 2015년에 한국에서 개최해 줄 것을 요청했고, 우리는 이를 수락했다. 세계교육대회의 개최는 국제적으로 좋은 협력관계, 더불어 사는 능력을 보여 줄 수 있는 좋은 기회다. 우리는 '만인을 위한 교육' 이후의 새로운 의제(post EFA Agenda)를 잘 만들어 '서울 선언(Seoul Initiative)'으로 전 세계에 발표하게 된다. 이런 과정에서 우리나라는 교육 분야에서 자연스럽게 국제적인 리더십을 행사할 수 있게 된다.

세계교육포럼에서 합의한 내용은 2000년에 유엔이 발표한 '새천년개발목표(Millennium Development Goals: MDGs)'에도 포함되어 있다. 세계은행(World Bank)도 '만인을 위한 교육'을 빠른 시기 안에 성취하기 위해 특별 프로그램(Fast Track Initiative: FTI)을 운영하고 있다. 국제사회의 이러한 노력은 선진국과 후진국의 국민이 '더불어 살기 위한(to live together)' 노력을 공동으로 기울여야 실천 가능하다는 인식을 반영하고 있다. 우리 어린이들도 국제사회의 일원으로 살아가기 위해 이와 같이 국가를 넘어서는 '더불어 살기 위한 학습(Learning to live together)'을 해야 한다.

'더불어 살기 위한 학습'을 체계적으로 잘 정리한 보고서는 1996년 유네스코에 의해 출간된 「학습: 내재된 보물(Learning: The Treasure Within)」이다. 유네스코는 '유네스코 21세기 교육대책팀(The UNESCO Task Force on Education for the Twenty-first Century)'을 구성하고, 프랑스 경제재무장관을 지내고 유럽연합 집행위원회(European Commission)의 위원장을 두 번씩이나 지낸 자크 드로(Jacques Delors) 박사를 위원장으로 하였다. 이 위원회에는 위원장을 포함하여 국제적으로 저명한 전문가 15명이 참여하였으며, 한국에서는 문교부장관과 충남대학교 총장을 지낸 서명원 박사가 참여하였다.

보고서는 21세기를 위한 학습체제를 [그림 4-1]과 같이 네 개의

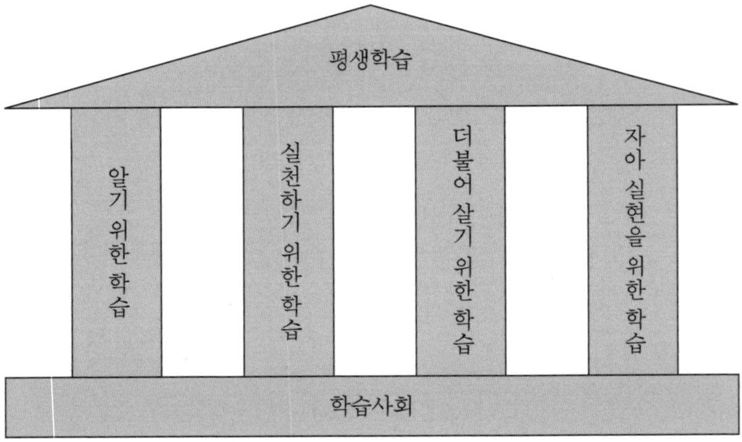

[그림 4-1] 네 개의 기둥을 가진 온전한 학습체제

출처: UNESCO (1996).

기둥, 즉 알기 위한 학습(learning how to know 또는 learning to learn), 실천하기 위한 학습(learning to do), 더불어 살기 위한 학습(learning to live together 또는 learning to relate), 그리고 자아실현을 위한 학습(Learning to be)으로 정리하였다.

1) 알기 위한 학습

알기 위한 학습은 일상생활을 하는 데 필요한 폭넓은 일반 지식과 몇 개의 주제에 대해서는 깊이 있는 지식을 갖추기 위한 것이다. 지금까지 학교에서 하고 있는 대부분의 교육과 학습이 여기에 해당한다. 여기에는 일생 동안 교육이 제공하는 여러 혜택을 잘 받을 수 있도록 '학습하는 방법을 학습'하는 것도 포함한다. 즉,

개인이 끊임없이 새로운 지식을 획득하고 이해할 수 있는 도구를 체득할 수 있도록 해 주어야 한다. 그러나 현재 학교에서 '학습하는 방법을 학습'하도록 잘 교육하고 있는지에 대해서는 자신 있게 '그렇다'고 하기 어렵다.

알기 위한 학습에는 수단으로서의 학습과 목적으로서의 학습이 있다. 수단으로서의 학습은 먼저, 우리는 자신을 둘러싸고 있는 세계에 대해 자신의 존엄을 유지하면서 살 수 있는 정도는 알기 위해 배워야 한다. 또한 직업상 필요로 하는 기술과 다른 사람과 소통하기 위해 배워야 한다. 목적으로서의 학습은 이해와 지식, 그리고 발견에서 오는 기쁨과 즐거움, 그 자체로서 학습을 정당화할 수 있을 것이다.

현재 교육받은 사람이란 넓은 일반 교육과 몇 개의 전공 주제에 대해 깊은 지식을 가진 사람을 의미한다. 넓은 일반 교육은 다른 사람과 소통할 수 있도록 해 주고, 다른 주제나 언어를 배울 수 있는 기회를 제공해 주기 때문에 필요하다. 자신의 전공 분야만 안다면 다른 사람과 공동으로 일하기 힘들게 된다. 예를 들면, 사회과학을 하는 사람은 기초경제학에 대한 이해가 필요하고, 과학을 하는 사람은 역사가가 쓴 과학사를 이해할 필요가 있다.

또한 알기 위한 학습은 집중 기술(concentration skills), 기억 기술(memory skills) 그리고 사고 기술(thinking skills)을 길러 어떻게 학습하는지를 학습하도록 하는 것, 즉 학습하는 도구(learning tools)를 습득하도록 하는 것을 말한다. 사람은 어릴 때부터 사물이나 사람에게 집중하는 법을 배워야 한다. '집중 기술'은 여러 가지 방식, 예를 들어 게임이나 여행, 체험 프로그램, 과학활동 등을 통해 배울 수 있다. '기억 기술'은 넘쳐나는 정보들 중에서 의미 있는 것들을 선택하여 기억하도록 하는 것이며, 효과적인 기억 방법으로는 다른 것과 연결시켜 기억하는 연상기억 방식 등이 잘 알려져 있다. '사고 기술'은 어릴 때 부모나 교사로부터 자연스럽게 배우며, 사고과정에는 실제로 문제해결이나 추상적인 사고 등을 포함해야 한다. 교육과 연구를 통해 서로 반대의 추론 방식인 귀납적 또는 연역적인 추론을 배운다. 생각하는 것을 배우는 과정은 일생을 통해 배워야 하는 일이며, 여러 형태의 경험을 통해 향상된다. 사람들은 일하는 과정에서 계속적으로 정형화된 또는 반복적인 사고를 하지 않도록 요구되며, 이를 충족하기 위해 항상 새롭게 사고할 수 있도록 훈련해야 한다.

2) 실천하기 위한 학습

실천하기 위한 학습은 직장에서 필요로 하는 직업적인 기술 습득과 함께 다양한 상황에 대처하거나 팀을 이루어 일할 수 있는 능력 등을 획득하기 위한 것이다. 이 학습은 젊은 사람들이 공식적인 교육과정이나 대체 학습과 작업 과정을 통해 얻는 능력은 물론 국가나 지역적인 상황에 의해 비공식적으로 획득하게 되는 다양한 사회적 작업 능력들을 의미한다.

예를 들면, 우리나라와 같이 군사적으로 대치하고 있는 상황에서 군대 사회에서의 특수한 생활 경험은 다양한 실천 능력을 비공식적으로 기를 수 있게 해 주고 있다는 점에서 교육적인 역할을 매우 잘하고 있다. 우리 학교는 현재 이 기능을 잘하고 있다고 보기 어렵다. 왜냐하면 우리는 시험을 통해 아는 것만 확인하고 있으며, 아는 것을 실천하고 있는지에 대해서는 사회나 학교에서 관심을 가지지 않기 때문이다.

그러므로 실천하기 위한 학습은 직업훈련과 가깝게 관련되어 있다. 개발도상국에서는 대부분의 사람이 특정한 신체적인 일을 잘하도록 훈련될 필요가 있다. 그러나 서비스 산업이 큰 비중을 차지하고 있는 선진국에서는 신체적인 일보다 사람을 상대하는 능력이 더 중요하다. 이처럼 산업화의 정도에 따라 필요한 능력은 달라진다.

제조산업 경제에서는 자격이 인정된 기술이 중요하지만, 서비스산업 경제에서는 개인의 역량이 더 중요하다. 여기서 역량이란 기술과 재능의 복합적인 능력, 즉 증명된 기술과 사회적인 행동, 주도성, 위험을 감수하겠다는 의지, 일에 대한 헌신 등 일에 대한 태도를 의미한다. 또한 문제해결 능력, 의사소통 능력, 협동 능력, 사람과 관련된 사회적 능력 등이 중요하다.

실천하기 위한 학습은 또한 산업화의 수준에 관계없이 어떻게 교육을 해야 청소년이 현재 하고 있는 일을 혁신적으로 할 수 있도록 준비시킬 수 있느냐 하는 것이 중요하다. 청소년이 혁신적이 되도록 하는 방법은 정규 교육보다 여행과 같이 새로운 경험을 할 수 있는 무형식 교육이나 특별한 프로그램과 같은 비정규 교육을 활용하는 것이 더 나은 방법일 수 있다.

3) 더불어 살기 위한 학습

더불어 살기 위한 학습은 다양성과 상호 이해, 평화의 가치를 존중하는 정신으로 다른 사람을 이해하고, 상호 의존할 수 있음을 고맙게 인식하며, 공동 프로젝트를 수행하고, 갈등을 관리하는 능력을 배우고 익히는 것이다. 교육과 학습을 통해 함께 살아가는 능력을 기르는 일은 우리에게 가장 취약한 부분이라고 할 수 있다. 그동안 우리는 앞서 가는 선진국을 따라잡는 데 몰두해 왔기 때문에 옆을 둘러보고 낙오자를 배려하거나 도와줄 마음의 여유가 없었기 때문이다. 또한 단일 언어와 문화를 가진 단일국가의 특성상 서로 다른 문화와 언어, 종교를 가진 사람들과 섞여 산 경험이 부족하기 때문이다. 이제 우리는 선진국으로서 후진국과 개발도상국들을 도와주는 위치에 있으므로 당연히 우리 사회의 약자들과 우리보다 발전하지 못한 국가들과 함께 살아가는 능력을 갖추어야 한다. 그러므로 교육은 자신뿐만 아니라 다른 나라 사람들의 역사, 전통, 정신적 가치에 대한 이해를 증진시켜 더불어 살아가기 위한 능력을 키울 수 있도록 학습하고 공존의 방법을 가르치는 데 역점을 두어야 한다.

현대사회에서는 종종 폭력이 생활을 지배하는 경우를 볼 수 있다. 사회는 물론 학교에서의 비폭력은 매우 중요하다. 흔히 폭력은 지나친 경쟁과 관련되어 일어난다고 생각한다. 사회에 있을 수 있는 경쟁에도 불구하고 폭력을 피하기 위해 어려서부터 다른 사람의 존재를 알게 할 필요가 있다. 더불어 살기 위한 학습을 위해 자신과 같은 다른 사람의 존재를 알게 하는 것은 매우 중요하다.

우리 사회에는 다양한 사람이 살고 있고, 다른 사람은 자신과 비슷한 점도 있고 다른 점도 있으며, 서로 의존하면서 살아가고 있다는 것을 알게 해 줄 필요가 있다. 어려서부터 인문지리 교육을 통해 세상에는 다양한 사람이 살고 있음을 알게 해 주고, 성장하면서 문학과 외국어 교육을 통해 외국인의 생각과 감정을 알게 해 주어야 한다. 어려서부터 다른 사람에 대한 연민의 정서를 느끼도록 하는 것은 성장한 후 사회생활을 하는 데 매우 긍정적인 효과를 가져다준다.

어린 시절 다른 인종이나 종교에 대한 교육은 성인 사회에서 일어나는 미움과 갈등에 대해 오해를 하지 않도록 하는 데 도움이 된다. 서로 다른 종교와 풍습의 역사 등에 대한 교육은 성인이 되었을 때 정상적인 행동을 하는 데 큰 도움이 된다. 다른 사람의 권리를 인식하게 하는 것은 청소년이 위험에 빠지지 않도록 하는 데 도움이 된다. 교사는 자신들의 경직된 생각이 학생들에게 영향을 주지 않도록 주의해야 하며, 대화와 토론의 장을 열어 다양한 생각을 주고받을 수 있도록 하는 것이 21세기를 살아가야 하는 청소년에게 반드시 필요하다.

더불어 살기 위한 학습을 위해 공동 프로젝트에 참여하도록 하는 것도 중요하다. 어려서부터 재미있는 공동 프로젝트에 참여하고, 단체 경기나 문화 활동에 참여함으로써 공동체를 경험하게 하는 것은 매우 중요하다. 장애인을 돕고, 빈민가를 바꾸고, 인도적 행사에 참여하고, 노인을 돕는 등의 활동은 성인이 된 후의 생활에 큰 도움이 된다.

4) 자아실현을 위한 학습

자아실현을 위한 학습은 각 개인의 인성을 개발하고, 더 큰 자율성과 판단력, 책임감을 가지고 행동할 수 있도록 하기 위한 것이다. 그런 의미에서 교육은 개인의 잠재적인 가능성, 예를 들어 개인의 기억, 추론, 심미적인 감각, 신체적인 능력, 소통 기술 등을 무시해서는 안 된다. 교육이 궁극적으로 추구하는 것은 개인을 완성된 존재로서 키우는 일임에도 불구하고, 지금까지 우리는 진학, 취업, 경제 발전을 위한 교육 등에는 익숙하지만 자신을 완성된 존재로서 발전시키기 위한 교육은 잘하지 못하고 있다.

그동안 교육과 학습은 사회적인 출세나 세속적인 성공 등 항상 다른 무엇을 위한 수단으로 생각해 왔다. 부모는 가지고 있는 모든 재산을 들여서라도 자녀를 교육시켜 왔으며, 대체로 자녀가 다른 사람보다 경제적 · 사회적으로 더 나은 위치에 있도록 하기 위해 노력해 왔다. 이제 교육과 학습은 개인의 인성을 개발하고, 자율적이고 책임감 있는 존재로 성장시키는 데 기여해야 한다. 과거의 학습이 지식을 소유하기 위한 것이었다면, 앞으로의 학습은 인간 내부에 잠재해 있는 보물과 같은 모든 재능을 최대한 계발하기 위한 것이어야 하며, 인간답게 사는 온전한 인간이 되도록 하는 계속적인 과정이어야 한다.

완성된 인간이 되기 위한 학습 또는 자아실현을 위한 학습은 교육이 모든 사람의 마음과 육체, 지성과 감성, 심미적 감상, 정신성과 영성의 완전한 발달에 기여해야 한다는 것을 의미한다. 이것은 학습이 수단으로서의 학습이 아니라 목적으로서의 학습이 되어야 한다는 것을 의미한다. 교육이 모든 학생으로 하여금 그들 인생의 여러 상황에서 스스로 독립적이고 비판적으로 행동할 수 있도록 생각하고 판단하는 능력을 발달시켜야 한다.

자아실현을 위한 학습의 목표는 모든 사람이 개인, 가족과 지역사회의 구성원, 시민, 생산자, 기술의 발명자, 창의적인 공상가로서 인성과 표현력, 다양한 헌신성 등을 가진 완성된 인간으로 발전하도록 하는 것이다. 일생을 통해 이루어지는 인간의 발달은 자신에 대한 지식과 다른 사람과의 관계에 기초한 변증법적 과정이며, 성공적인 개인적 경험을 전제로 한다. 인성 훈련의 한 방법인 교육은 고도로 개인화된 과정이며, 동시에 상호작용적인 사회적 경험이어야 한다.

20세기 기술의 발달에 의한 비인간화의 문제는 미디어의 힘이 증대되는 21세기에 더욱 중요한 문제로 인식되고 있다. 따라서 교육의 기본 과제는 모든 사람이 재능을 키우고 그들 인생을 통제할 수 있도록 생각과 판단, 감정과 상상력의 자유를 즐길 수 있도록 하는 것이다. 이것은 단순히 개인주의를 주장하는 것이 아니다. 성격의 차이, 독립성, 개인적인 주도성, 기존 질서를 바꾸는 일조차 창의성과 혁신을 가져올 수 있다고 본다.

수입된 첨단기술 모델보다 전통적인 지식의 유형이나 이를 격려하는 것이 인간의 내적 발달을 가져오는 데 유리할 수 있다. 경제와 사회적 혁신이 사회를 움직이는 힘으로 작용하는 매우 불안정한 세계에서 상상력과 창의성은 특별한 위치를 차지해야 한다. 예를 들면, 학교에서 미술과 시, 문학교육 등은 과거보다 더 중요하게 인식되어야 한다.

현재 학교와 같은 공식적인 교육체제는 단지 지식의 습득을 강조하고, 다른 세 가지 유형, 즉 실천하고 더불어 살 수 있도록 하며 자아를 실현하도록 하는 교육과 학습을 손상하는 경향이 있다. 그러나 이제 교육은 그동안 간과되었던 이들 세 가지 학습을 포함하여 좀더 망라적인 입장에서 생각하는 것이 매우 중요하다. 이러한 비전이 미래 교육의 내용과 방법 면에서 혁신과 정책을 이끌어 나가도록 해야 한다.

유네스코 보고서인 「학습: 내재된 보물」(1996)에서 [그림 4-1]과 같이 온전한 학습을 위해서는 네 개의 기둥이 필요한데, 현재 알기 위한 학습' 하나의 기둥만 가진 불완전한 학습을 하고 있다고 비판하면서 좀 더 포괄적인 새로운 학습의 비전을 제시하였다. 여기서 학습사회는 가정, 학교, 회사, 공장, 군대, 교회, 공공기관 등 모든 사회를 포함한다.

2. 지역사회별 평생학습지수 비교 사례

유네스코의 네 가지 학습 기둥을 좀 더 구체화하여 지수화한 사례로 캐나다의 합성학습지수(Composite Learning Index)를 들 수 있다. 여기서 '합성'이라고 한 이유는 여러 가지를 합쳐서 만든 것이라는 의미 때문이다. 캐나다는 국가 내의 4,500여 개의 지역사회별로 평생학습지수를 산출하여 지도에 여러 가지 색깔로 각 지역사회의 학습 정도를 보여 주고 있다(Canadian Council on Learning, 2010).

이것은 어떤 지역사회가 평생학습지수가 높은지 혹은 낮은지를 보여 줌으로써 지역사회가 스스로 평생학습지수를 높이도록 유도하는 동시에 지방정부와 주정부가 추가적인 지원을 하기 위한 것이다. 캐나다의 지역별 평생학습지수는 〈표 4-1〉과 같이 네 개의 학습 기둥을 17개의 지표로 나누고, 다시 지표별로 변수(전체 26개)를 정해서 각각의 값을 합산하여 계산한 것이다.

이 평생학습지수와 사회경제지수의 상관관계를 알아 본 결과 .78의 매우 높은 상관을 보였다(Canadian Council on Learning, 2010). 즉, 학습지수가 높은 지역사회의 사회지수(성인 문해, 유아 발달, 건강, 환경 책임, 투표 참여 등)와 경제지수(수입, 취업률 등)가 정비례로 같이 높다는 것이다. 바꾸어 말하면, 어떤 지역사회의 평생학습지수를 높이면 그 지역사회의 사회경제적 지수도 같이 높아진다는 것이다.

〈표 4-1〉 평생학습지수를 구성하고 있는 지표와 변수

학습	지표(17개)	변수(26개)
알기 위한 학습	청소년 문해능력(15세)	읽기 평균 점수
		수학 평균 점수
		과학 평균 점수
		문제해결 평균 점수
	고등학교 중도 탈락률 (20~24세)	고등학교 미취학, 미이수율
	고등교육 참여(20~24세)	고등교육 참여 비율
	대학 이수(25~64세)	성인의 대학교육 이수율
	학습기관 접근성	초·중등학교 가는 데 걸리는 평균 시간
		대학(교) 가는 데 걸리는 평균 시간

실천하기 위한 학습	직업 관련 훈련 참여 (25~64세)	전년도에 직업 관련 훈련에 참여한 성인 비율
		지난 6년 동안 모든 유형의 직업 관련 훈련에 참여한 성인 비율
	직장 내 훈련 가용성	직원을 위한 모든 유형의 수업/훈련을 제공하는 고용자의 비율
	직업 훈련 기관 접근성	직업 관련 학교와 학원에 가는 데 걸리는 평균 시간
더불어 살기 위한 학습	자원봉사	조직이나 집단의 일원으로 무보수 일에 참여한 사람의 비율
	사교클럽이나 조직 참여	사교클럽이나 다른 조직에 참여한 가구의 비율
	다른 문화 학습	정규적으로 다른 문화권 사람과 사교한 사람의 비율
	지역사회 기관 접근성	도서관 가는 데 걸리는 평균 시간
		회사, 시민사회단체 가는 데 걸리는 평균 시간 종교기관 가는 데 걸리는 평균 시간
자아실현을 위한 학습	미디어 노출	인터넷 사용 가구 비율
		독서 자료, 인쇄매체 사용 가구 비율
	스포츠를 통한 학습	레크리에이션과 스포츠 시설 이용 가구 비율
	문화를 통한 학습	박물관과 다른 문화활동 참여 가구 비율
		공연 예술 실황 참여 가구 비율
	광대역 인터넷 접속	무선, 유선, 디지털 가입자 회선(DSL) 접속 가구 비율
	문화 자원 접근성	박물관, 미술 갤러리 가는 데 걸리는 평균시간

출처: Canadian Council on Learning (2010).

3. 지속 가능 발전 교육

지구상의 대부분의 사람들은 현재와 같은 경제 발전 추세는 지속 가능하지 않다는 것을 알고 있다. 석유 등의 지하자원은 언젠가 고갈될 수밖에 없고 앞으로 깨끗한 물도 부족하게 될 것이기 때문이다. 공기가 오염되고 지구온난화 현상이 계속되면 더 이상 좋은 환경을 유지하기 어렵고, 후손에게 오염된 환경을 물려주게 된다. 우리 사회는 그동안 경제 발전 또는 경제 개발 등의 용어에 익숙해 있었다. 이것은 선진국을 따라잡기 위해 머릿속에 넣어 온 개념이다. 그러나 이제 선진국으로 발돋움한 위치에서 지구 전체의 문제에 관심을 기울여 나갈 때가 되었다.

지구는 산업사회를 거치면서 너무 많이 개발되었다. 그 후유증으로 나타난 지구온난화로 극심한 기후 변화를 경험하고 있다. 쓰나미, 지진, 태풍, 가뭄과 홍수 등 지구 곳곳에서 자연재해가 일어나고 있다. 더 이상 난개발이 허용되어서는 안 될 정도로 지구상의 생태계가 어려움을 겪고 있다. 유엔을 중심으로 자연스럽게 관심을 모으고 있는 개념이 1980년대 후반부터 나타난 지속 가능 발전(Sustainable Development)이다.

1990년대에는 선진국을 중심으로 많은 논의가 있었지만 당시 우리나라는 이에 대해 관심을 보이지 못했다. 2000년대에 들어와 우리나라도 심각한 대기 오염을 경험하면서 서서히 관심을 가질 수밖에 없었다. 2000년대 후반에 나온 녹색성장(Green Growth) 개념은 우리나라가 앞장서서 주장한 것이다. 지속 가능 발전과 녹색성장의 개념은 모두 더 이상 지구 환경을 무시하고 개발해서는 안 된다는 생각을 담고 있다. 이러한 생각을 기성세대는 물론 우리 2세들이 잘 이해하고 협조하도록 교육해 나가야 한다.

이러한 문제를 인식해서 자원 낭비를 줄이고 환경을 깨끗하게 유지하려는 노력이 필요함을 강조하는 보고서가 1987년 유엔총회에서 처음으로 채택되었다. 유엔 환경과 개발에 관한 세계위원회는 「우리 공동의 미래(Our Common Future)」(1987) 보고서에서 지속가능 발전을 "미래 세대가 스스로의 요구를 충족시킬 능력을 저해함이 없이 현 세대의 요구를 충족시키는 발전"으로 정의하였다.

지속 가능 발전 운동의 핵심은 오염되고 난개발되고 있는 환경을 되살리자는 것이며, 1992년 브라질의 리우 유엔환경회의에서 채택된 기후변화협약(Rio Declaration on Environment and Development)을 통해 잘 나타나고 있다. 구체적으로는 1997년 온실가스 배출량을 줄이기 위한 국가 간 이행 협약으로 '교토의정서(Kyoto Protocol to the United Nations Framework Convention on Climate Change)'에 이산화탄소 배출량을 1990년 기준으로 5.2% 줄이기로 합의하고 실천하기로 약속하였다.

이것은 유엔이 2000년에 발표한 8개의 '새천년개발목표(Millennium Development Goals)'에 일곱 번째로 포함되어 있다. 지속 가능 발전 교육(Education for Sustainable Development: ESD)은 1987년부터 1992년 사이에 개발된 '어젠더 21(Agenda 21)' 속의 36장에 들어있다. 대부분의 교육운동과 달리 지속 가능 발전 교육은 교육계 밖의 사람들에 의해 주도되었다. 예를 들면, 유엔과 OECD 그리고 미주기구(Organization of American States: OAS) 등이 주도하는 국제정치

경제포럼들이 지속 가능 발전을 위한 교육이 필요함을 지지하였다.

이 국제포럼들은 지속 가능 발전을 위해 교육이 핵심 역할을 해야 한다는 사실에 대해 공감하였다. 지속 가능 발전 교육이란 현세대만이 아니라 미래세대와 더불어 살기 위한 교육(Education to live together among generations), 특히 환경 보존과 생명 존중 교육이라고 할 수 있다. 유엔은 유네스코를 지속 가능 발전 교육 주관기관으로 지명하였고, 유네스코는 2005년 국제교육 실시 계획을 만들었다. 전체적인 목표는 지속 가능한 개발의 원칙, 가치관, 실천을 교육과 학습의 모든 측면에 도입해 나가는 것이다.

지속 가능 발전 교육은 지속 가능한 사회를 이룩할 수 있도록 개개인을 육성하는 교육이며, ① 인격 발달, 자율정신, 판단력, 책임감 등의 인성을 육성하고, ② 개개인이 타인과의 관계성, 사회와의 관계성, 자연환경과의 관계성 속에서 살아가고 있으므로 자연과 사회의 관계, 사람과 사람의 연결을 존중할 수 있는 개인을 육성하는 것을 주요 내용으로 하고 있다. 유네스코는 지속 가능 발전을 위해 자신과 사회를 변화시키는 학습을 포함하는 새로운 학습체계를 [그림 4-2]와 같이 표현하고 있다.

지속 가능 발전 교육의 기본적인 사고는 환경, 경제, 사회의 종합적인 발전을 위한 지식, 가치관, 행동 등을 교육하며, 특히 기후변동, 생명의 다양성, 방재 교육, 에너지 교육, 환경 교육, 국제이해 교육, 세계유산과 지역 문화재 등에 관한 교육 등을 다룬다. 최근에는 생명교육이 환경교육과 함께 중요하게 다루어지고 있다.

세계의 경제는 환경 문제를 고려하지 않은 채 지속적으로 발전할 수 없으며, 우리 모두는 지구 환경의 보존을 위해 노력해야 한

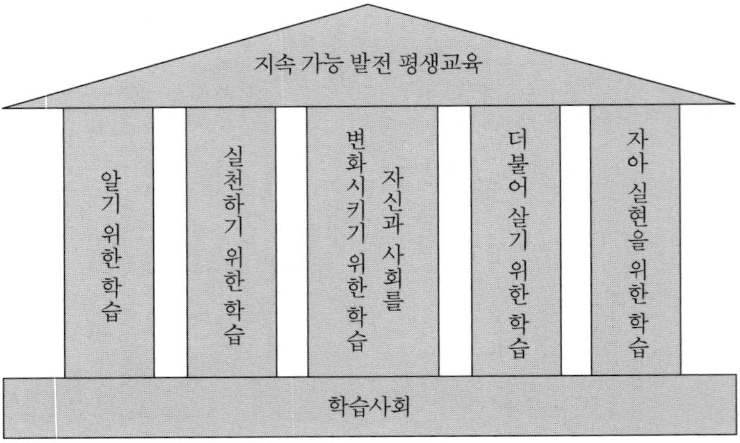

[그림 4-2] 지속 가능 발전을 위한 새로운 학습체계

출처: NIER (2005).

다는 사실을 알고 있다. 그러나 문제는 국가 간에 합의가 있다고 하더라도 공감이 약하고 지키려는 의지가 부족하다는 점이다. 지속 가능 발전을 추구해야 한다는 필요성을 느끼는 정도는 국가의 발전 정도에 따라 다를 수밖에 없고, 따라서 선진국은 선진국대로, 개발도상국은 개발도상국대로 국가 간 합의 사항을 실천하기 어려운 문제를 안고 있다.

일반적으로 개발도상국은 지구환경 오염의 책임이 선진국에 있다고 생각하고 있으며, 자국이 발전하기 위해서는 더 개발해야 한다고 주장하고 있다. 반면에 선진국은 개발도상국이 개발을 자제해 주기를 원하고 있다. 그러므로 스스로 솔선해서 진정으로 실천하는 나라가 국제사회에서 리더십을 발휘할 수 있다. 현재 독일은 재생산업기술이 매우 발달해 있고, 이 기술을 수출하여 크게 이익을 내고 있다. 우리나라가 선진국 진입은 늦었지만 이런 문제에 대해 솔선수범하는 자세를 보이는 것은 매우 중요하다. 그러므로 재생산업을 위한 기술 개발에 대해 더 많은 관심과 노력을 보일 필요가 있다.

[그림 4-3]에서 보여 주는 경제, 사회 그리고 환경의 세 원이 만나는 가운데 공간이 지속 가능 발전 부분이다. 세 원이 서로 가까이 있을수록 가운데 공간이 커지고, 서로 멀어질수록 가운데 공간이 작아진다. 예를 들면, 환경과 사회를 충분히 고려한 경제정책은 지속 발전이 가능하지만, 환경과 사회를 충분히 고려하지 않은 경제정책은 지속 발전이 가능하지 않는 방향으로 우리 사회를 나

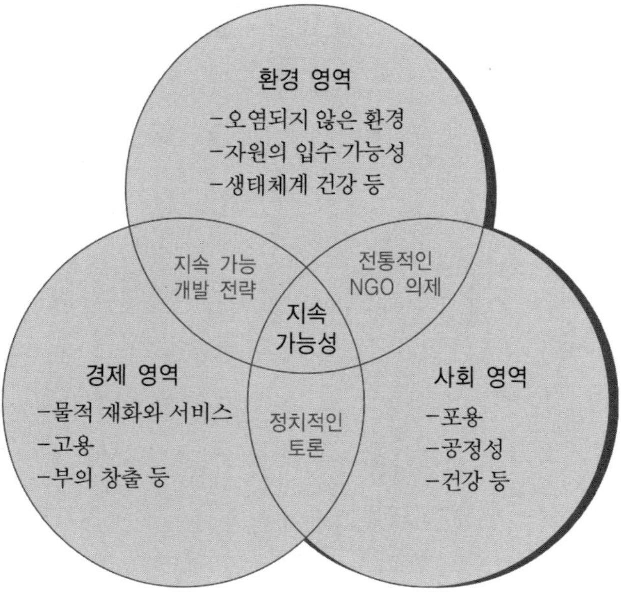

[그림 4-3] 환경을 고려한 경제 · 사회 정책 개발의 중요성

출처: NIER (2005).

아가게 할 것이다. 환경정책과 사회정책도 마찬가지로 다른 두 영역을 충분히 고려하면 지속 가능 발전 부분이 더 크게 되지만 그렇지 않을 경우에는 작아지게 된다.

4. 녹색성장 교육

녹색성장은 환경(녹색)과 경제(성장)의 두 가치를 포괄하는 개념이다. 녹색성장이라는 새로운 성장 패러다임 개념이 등장한 것은 2005년 3월 서울에서 유엔 아시아·태평양경제사회위원회(United Nations Economic and Social Commission for Asia and Pacific: UN ESCAP)가 주관하여 개최된 'UN ESCAP 아시아·태평양 환경과 개발 장관회의'에서다. 우리나라가 국가발전 전략으로 채택한 것은 2008년 '저탄소녹색성장(Low Carbon Green Growth)' 정책을 발표하면서부터다.

이 '저탄소녹색성장' 정책은 녹색기술을 신성장 동력으로 삼아 IT, BT 및 NT를 녹색 산업화하고, 친환경적 국토 개발을 하는 등의 내용을 담고 있다. 태양광, 풍력 발전, 조력을 이용하고, 신재생 에너지 산업과 그린 에너지 기술, 재생 산업 등을 발전시키자는 계획이다. 더불어 녹색도시를 조성하고 친환경 농산물을 생산하여 건강과 경제를 함께 고려해 나가자는 계획을 세웠다.

한국이 주도하고, 국제기구인 유엔환경계획(United Nations Environment Programme: UNEP), OECD, 세계은행 등이 보고서를 내어 녹색성장 아이디어를 지원하였다. 2012년 세계은행은 「포용

적 녹색성장: 지속 가능 발전으로 가는 경로(Inclusive Green Growth: The Pathway to Sustainable Development)」라는 보고서를 발간하여 녹색성장이 지속 가능 발전으로 가는 경로임을 보여 주었다. 국제사회의 이러한 노력은 2012년에 실천에 옮길 수 있는 '녹색기후기금(Green Climate Fund)'을 만들기로 하고 사무국을 인천 송도에 설치하기로 함으로써 첫출발을 하게 되었다.

한국은 2012년 10월 독일의 본을 제치고 녹색기후기금의 사무국을 인천 송도에 유치하는 역사적인 업적을 이룩하였다. 이 녹색기후기금은 유엔기후변화협약(UNFCCC)의 목적과 상통하며, 유엔 산하의 상설기구로 설립하기로 하였다. 이 기금은 제2의 세계은행이라고 할 정도로 큰 규모의 기금을 조성하기로 하였다. 기금의 규모는 선진국들이 2012년부터 2020년까지 1,000억 달러의 재원을 조성하기로 하였다. 현재 IMF의 자본금 규모는 약 8,450억 달러이며, 세계은행은 1,937억 달러 규모이므로 세계에서 세 번째로 큰 국제금융기구다.

사무국의 설치는 500여 명의 상주 인원과 이에 따른 고용 유발 효과를 가져올 것으로 예상할 수 있다. 이 기금은 온실가스와 기후 변화 대응에 재원을 집중적으로 투입할 수 있다. 그동안 유럽과 북아메리카에 편중된 유엔 관련 기구와 환경 관련 국제기구의 지역적 불균형을 해소하는 차원에서도 사무국 유치는 의의가 있다. 우리는 '녹색성장'을 한국의 브랜드로 할 수 있다. 그러므로 녹색성장 교육(Education for Green Growth)을 지속적으로 해 나가야 한다. 녹색성장은 지속 가능 발전으로 가는 길이며, 더불어 함께 사는 길임을 학생들에게 분명하게 가르쳐야 한다.

제 5 장

기술융합과 인지과학

동서양을 막론하고 지구상의 모든 인류의 생활은 비슷한 발전 과정을 거쳐 왔다. 고대 유목 · 수렵생활로부터 시작하여, 농경사회를 지나 산업사회를 거쳐, 현재 선진국들은 지식사회적인 특성을 이루며 살아가고 있다. 티센, 안드리에센 및 데프레츠(Tissen, Andriessen, & Deprez, 1998)는 〈표 5-1〉과 같이 시대의 발전을 농업경제, 산업경제, 지식경제 그리고 퀀텀경제체제로 발달하고 있다고 주장하고 있다.

퀀텀(quantum)경제시대는, 지금은 상상하기 힘들지만, 상품을 공급하는 측에서 시장의 상품 수요와 시장에 남아 있는 재고를 고려해서 생산하기 때문에 공급이 수요와 일치하는 시대를 말한다.

〈표 5-1〉 시대와 사회의 발전에 따른 생산 방법과 교육 방법의 변화

시대 구분	생산 방법	지식	교육 방법
농업경제	사람이 동물/사람을 이용하여 생산	사적 재화	가정/교회 교육(도제교육, apprenticeship education)
산업경제	사람이 사람/기계를 이용하여 생산 (양적 혁명)	공적 재화	학교교육(학문의 분화, partitional, divide and conquer)
지식경제	사람이 기계를 사용하여 생산(질적 혁명)	사적/공적 재화	사회/평생/사이버 교육(학문의 통합, holistic, converge and conquer)
퀀텀경제	기계가 기계를 사용하여 생산 (기하급수적 발전)	사적/공적 재화	사이버/평생/사회 교육(학문의 융합, fusion and melted)

출처: Tissen, Andriessen, & Deprez (1998)를 수정 · 보완함.

즉, 과잉 공급이나 과잉 수요가 발생하지 않는다. 인공지능이 사람의 지능을 능가하는 시대가 되고, 빅 데이터 처리가 가능해지면 가능할 수 있을 것이다. 그러므로 퀀텀경제시대에서는 수요와 공급이 다르게 작동하는 것을 전제로 하는 전통적인 경제학 이론들이 의미를 잃을 것이다.

우리는 산업사회와 지식사회적인 특성을 동시에 경험하며 생활하고 있다. 아직은 산업사회적인 특성이 강하기 때문에 학교교육이 산업사회식 지식교육에 치우쳐 있다. 산업사회식 지식교육은 학문의 분화를 특성으로 한다. 예를 들면, 과학을 물리학, 화학, 지구과학, 생물학 등으로 나누어 가르치고 있다. 이것은 산업사회식 접근법, 즉 나누어 점령하는(divide and conquer) 식이다. 그러나 지식경제시대가 성숙해지면 지식교육을 통합해서 접근하는 방법

으로 변해야 한다.

뉴질랜드는 물리학은 '물리의 세계', 화학은 '재료의 세계', 생물학은 '생명의 세계'로 이름 붙여 이들이 쉽게 통합될 수 있도록 하고 있다. 또한 경제학은 '경제의 세계'로 가르친다. 미국에서는 과학, 기술, 공학, 수학을 통합하여 STEM(Science, Technology, Engineering and Mathematics)을 도입하고 있다. 우리나라는 예술을 추가하여 STEAM(Science, Technology, Engineering, Arts and Mathematics)을 도입하고 있다. 이것은 지식경제시대는 통합하여 점령하는(converge and conquer) 접근법을 사용해야 함을 의미한다. 앞으로 학문은 물론 기술 융합의 필요성이 제기되고 있다.

1. 과학기술의 대상세계

IBM 알마덴연구소(IBM Almaden Institute)는 〈표 5-2〉와 같이 과학기술의 연구 대상세계를 2-5 체계로 분류하고 있다. 즉, 과학기술의 대상세계를 크게 자연체계와 인공체계로 나누고, 자연체계는 다시 물리체계, 생명체계, 인지체계 등의 세 개로 나누며, 인공체계는 사회체계와 기술체계로 나누어 모두 다섯 개의 체계를 설정하고 있다. 그리고 인간의 인지체계가 자연체계와 인공체계를 파악하여 연결시키는 역할을 하고 있는 것으로 이해하고 있다. 우리는 향후 인지과학의 중요성을 경험하는 시대를 맞이하게 될 것이다.

〈표 5-2〉 과학 연구를 위한 2-5 시스템 분류 체계

과학기술의 대상세계	시스템	연구 내용과 대상	학문 분야
자연체계	물리체계	물질과 에너지의 흐름 원자가 중요	물리학, 천체물리학, 나노기술 등
	생명체계	생명의 화학성 분자/생태계가 중요	생물학, 화학, 발생학 등
	인지체계	자연과 인공 세계의 지식 뇌, 신경세포가 중요	인지과학, 심리학, 신경생리학, 아동발달학 등
인공체계	사회체계	조직 사람이 중요	언어학, 사회학, 경제학, 정치학, 조직행동학 등
	기술체계	도구 기계가 중요	테크놀로지디자인과학, 인간공학, 바이오닉스, 인간 과 컴퓨터의 상호작용 등

출처: Spohrer (2003).

* 인지과학은 자연체계와 인공체계를 연결시켜 주는 중요한 분야이므로 기억, 학습 등을 과학적으로 연구하여 교육과 학습에 활용할 필요가 있다.

IBM 알마덴연구소는 미래 사회는 이 다섯 개의 시스템, 즉 물리체계, 생명체계, 인지체계, 사회체계 및 기술체계를 대표하는 나노-바이오-코그노-소시오-테크노의 융합시대(Nano-Bio-Cogno-Socio-Techno: NBCST, 수렴기술시대)가 될 것으로 가정하고 있다. 미래는 이 다섯 가지 기술체제가 통합된 체제를 이루어 하나의 커다란 통합정보 시스템(Unified Information Systems: UIS)으로 발전해 나갈 것으로 예상하고 있다.

다섯 개의 기술체제는 둘 이상이 서로 융합하여 인간의 수행능력을 향상시킬 수 있는 응용 기구들을 만들어 내고 있다. 예를 들면, 인공 달팽이관(artificial cochlea)과 인공 망막(artificial retina) 등

〈표 5-3〉 과학: 나노-바이오-코그노-소시오-테크노의 융합

기술체제	체계		부호화하기	처리하기	재생/증식하기
나노	물질	자연	원자와 분자	우주-원자	은하계, 태양계, 지구계
바이오	생명	자연	유전자	세포-생태계	진화
코그노	생각	자연/인공	두뇌	신경망	진화-문화
소시오	문화	인공	사람	조직	진화-문화
테크노	기술	인공	인공물과 비트	컴퓨터	디자인-공장

출처: Spohrer (2003).

* 모든 것은 다른 체계 내에서 부호화하고, 처리하며, 재생/증식하는 정보에 관한 것이다. 궁극적으로 모든 것은 물질 양식에 기초한다.

은 기술을 활용하여 사람의 인지능력을 향상시켜 주는 것이다. 그리고 만약 화성을 사람이 살 수 있는 지구처럼 만든다면(terra-form Mars), 이것은 물리기술을 활용하여 생명 공간을 확대하는 것이다. IBM 알마덴연구소는 〈표 5-3〉과 같이 다섯 가지 기술체제의 핵심 개념과 기능을 부호화하기, 처리하기, 재생/증식하기 등으로 나눠 알기 쉽게 정리하고 있다.

현재 이 다섯 개 분야는 각각의 기술 발전에 따라 분야별 교차 가루받이(受粉)에 의한 기술이 발전하고 있다. 예를 들면, 인간은 포유동물도 비슷하게 갖고 있는 'FOXP2'라는 유전자를 가지고 있는데, 이 유전자에서 중요한 변화가 발생해 침팬지나 쥐 등과 다른 독특한 언어구사 능력을 갖게 됐다는 사실이 2002년 8월 독일 막스 플랑크 진화인류학 연구소(Max Planck Institute for Evolutionary Anthropology)와 영국 옥스퍼드 대학교 연구진에 의해 밝혀졌다(Nature, 2002). 놀라운 것은 모두 715개의 분자로 구성된 이 유전자가 인간의 경우 쥐와는 3개, 침팬지와는 단지 2개만 분자 구조가

다르다는 점이다. 연구진은 이런 미세한 차이로 사람은 말을 하고, 다른 동물은 말을 하지 못한다고 밝히고 있다.

2. 인간의 수행능력 향상을 위한 기술융합 보고서

선진국들은 2000년대 초반 국가 발전을 위해 21세기를 대비한 기술 개발을 어떻게 하는 것이 좋은지 국가 수준의 계획을 세우기 시작했다. 가장 먼저 나온 보고서는 미국의 과학재단(National Science Foundation)과 상무성(Department of Commerce)이 발표한 「인간의 수행능력 향상을 위한 기술융합(Converging Technologies for Improving Human Performance)」(2002)이다. 깅그리치(Newt Gingrich)는 「기술융합을 위한 비전(Loco and Bainbridge)」(2002)이라는 글에서 [그림 5-1]과 같이 일반적으로 기술은 일정 기간 동안 서서히 발전하다 갑자기 급속하게 발전하는 'S' 자 모양을 이루며 발전하고 있다고 주장하고 있다.

[그림 5-1]에서 보여 주듯이, 1965년 이후 컴퓨터-통신혁명이 일어나기 시작해서 현재 진행 중이며, 앞으로 새로운 혁명이라고 할 수 있는 정보과학-생명과학-나노과학의 융합혁명이 일어날 것이다. 그러므로 현재 진행되고 있는 컴퓨터-통신혁명과 함께 미래의 정보통신과학-생명과학-나노과학의 융합혁명이 동시에 진행될 수 있도록 정보통신-생명-나노기술의 융합 노력이 필요하다.

예를 들면, [그림 5-2]의 혁명적 기술의 비전에서 생명기술과

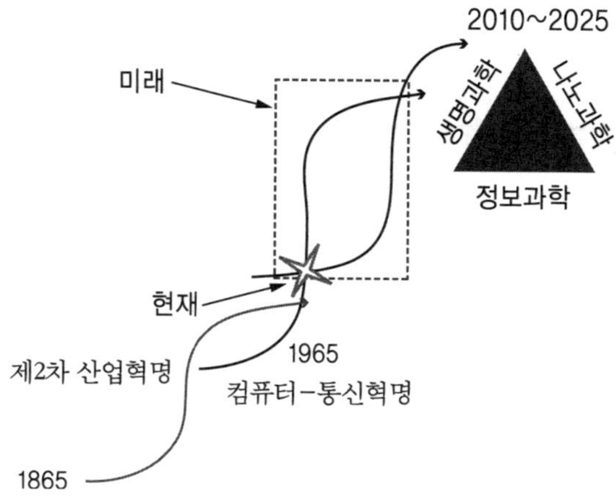

[그림 5-1] 기술 변환의 시대

출처: Gingrich (2002).

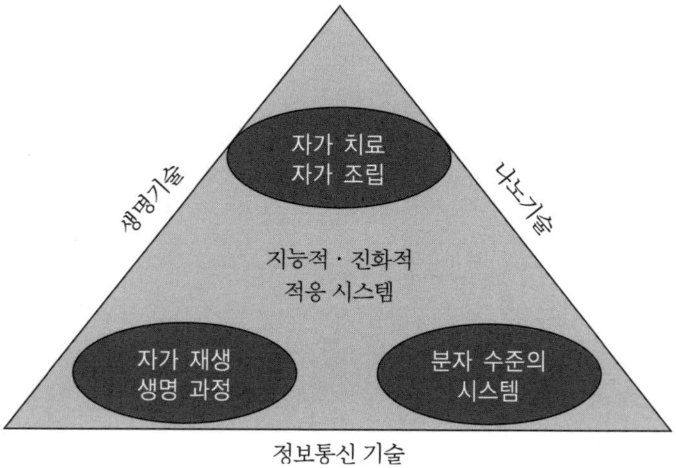

[그림 5-2] 혁명적 기술의 비전

출처: Venneri (2002).

나노기술이 융합하여 자가 치료, 자가 조립이 가능해지고, 생명기술과 정보통신기술이 융합하여 자가 재생 생명 과정이 가능해진다. 또한 나노기술과 정보통신기술이 융합하여 분자 수준의 시스템이 가능해지며, 이러한 것이 모두 융합하면 지능적 · 진화적 적응 시스템이 구축된다는 것이다. 이러한 시스템은 결과적으로 인간의 수행능력을 향상시키고, 향상된 수행능력을 가진 인간은 어쩌면 인공지능을 가진 기계와 인간이 결합한 사이보그(cyborg)와 같은 모습을 갖게 될 수 있다.

미국의 과학재단과 상무성은 21세기를 대비하기 위해 정보통신기술(IT), 나노기술(NT), 생명기술(BT) 그리고 인지과학(Cognitive Science)이 융합하는 청사진을 그렸다. 그리고 향후 이 기술들 간의 융합과 관련된 연구에 대해 집중 지원하겠다는 계획도 제시하였다. 과학재단과 상무성이 내놓은 청사진은 [그림 5-3]과 같다.

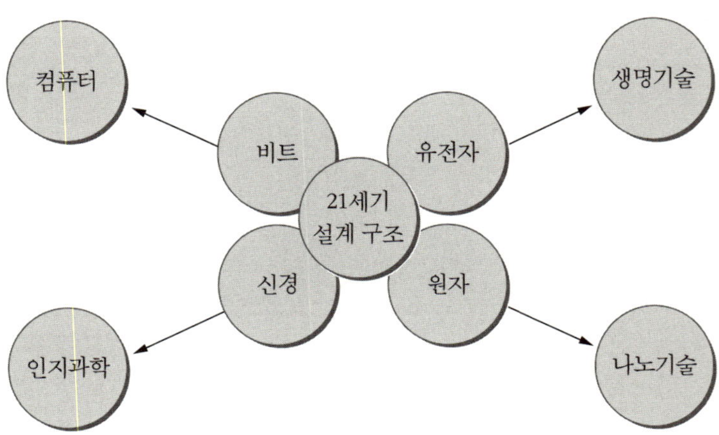

[그림 5-3] 21세기 기술 설계 구조

출처: Canton (2002).

즉, 컴퓨터는 비트를 기본 단위로 하고 있으며, 생명기술은 유전자, 나노기술은 원자, 그리고 인지과학은 신경을 기본 단위로 하고 있으며, 이들이 융합하여 새로운 기술이 탄생하게 된다는 것이다.

이 정보통신기술, 생명기술, 나노기술 그리고 인지과학은 다음과 같이 상호 연결될 수 있다. 예를 들면, 만약 인지과학자가 생각할 수 있는 것이 있다면, 나노 전문가는 그것을 만들 수 있고, 생명 전문가는 그것을 실행할 수 있으며, 정보통신 전문가는 그것을 모니터하고 조정할 수 있다.

이를 다시 구조화하면 [그림 5-4]와 같다. 즉, 나노 규모의 과학과 기술이 생물학과 생명 환경과 함께 융합하면 건강한 몸를 갖게 할 수 있는 의학이 발전하고, 생물학과 생명 환경이 정보와 컴퓨팅과 함께 융합하면 인지과학이 발전하게 된다. 그리고 이들이 모두 융합하여 혁명적 컴퓨팅, 나노 생명 기술, 유전자 정보처리, 그리고 뇌연구 등이 발전한다는 것이다.

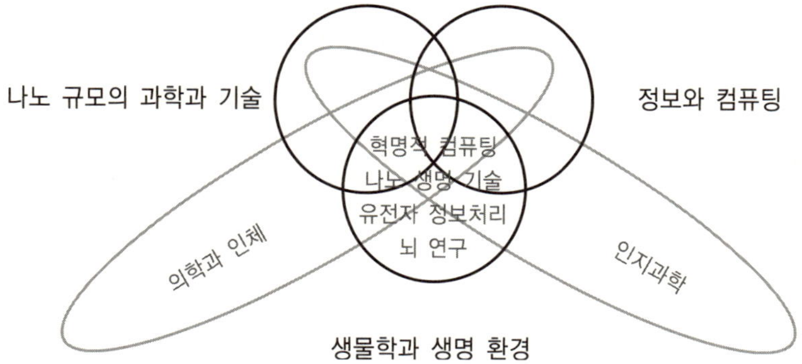

[그림 5-4] NBIC(Nano-Bio-Info-Cogno) 과학과 기술의 흐름이 합류하는 곳에 발생하는 응집성과 상승작용

출처: Roco (2002).

미국의 영향을 받은 유럽은 2004년 「유럽 지식사회를 위한 기술융합(Converging Technologies for the European Knowledge Society: CTEKS)」이라는 보고서를 내놓았다. 이 보고서는 미국의 NBIC (Nono-Bio-Info-Cogno)에 사회학, 인류학, 철학 등 사회과학과 인문학을 포함하고 있다. 즉, NBIC의 발달이 사회과학과 인문학의 발달로 이어질 수 있도록 사회기술(Socio-tech)을 추가하고 있다.

사회기술을 포함하고 있는 유럽 모형은 IBM 알마덴연구소가 소개하고 있는 나노-바이오-코그노-소시오-테크노 융합 모형과 같다. 예를 들면, [그림 5-5]에서 보여 주듯이, 사회학, 인류학, 심리학이 인간의 집단적 사회행동을 기술하고 있으며, 만약 NIB(Nono-

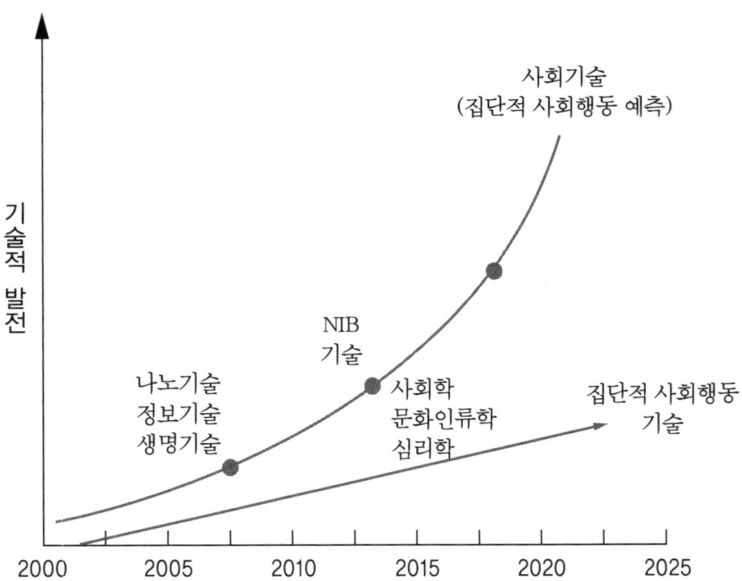

[그림 5-5] 사회기술: 질적으로 새로운 과학

출처: Yonas (2002).

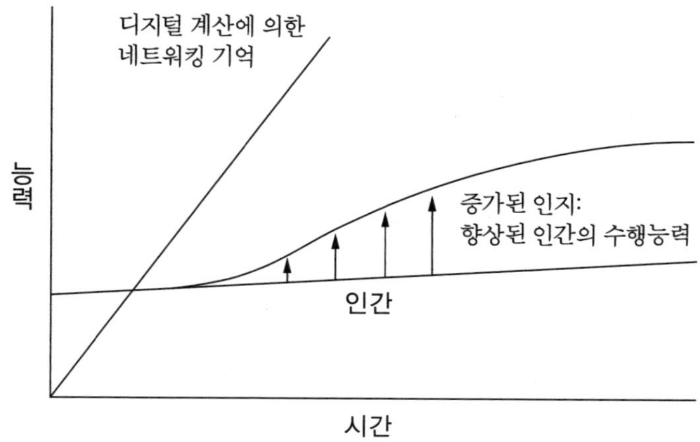

[그림 5-6] 인간의 수행능력 향상

출처: Goldblatt (2002).

Info-Bio) 기술이 이 사회과학과 융합하면 인간의 집단적 사회행동을 예측하는 기술을 개발하여 유효 적절하게 사용할 수 있을 것으로 보고 있다.

이러한 사회기술의 개발은 인간의 수행능력을 [그림 5-6]과 같이 향상시켜 줄 것으로 기대할 수 있다.

3. 인지과학

이와 같은 변화는 인간행동을 통합적으로 연구하는 사회기술 분야를 발전시킬 것이다. 인간행동을 통합적으로 연구하기 위해서는 [그림 5-7]과 같이 게놈(유전체학) · 분자생물학, 인체생리학과 같은 생물학으로부터 심리학 · 인지 · 학습 등의 인지과학, 사

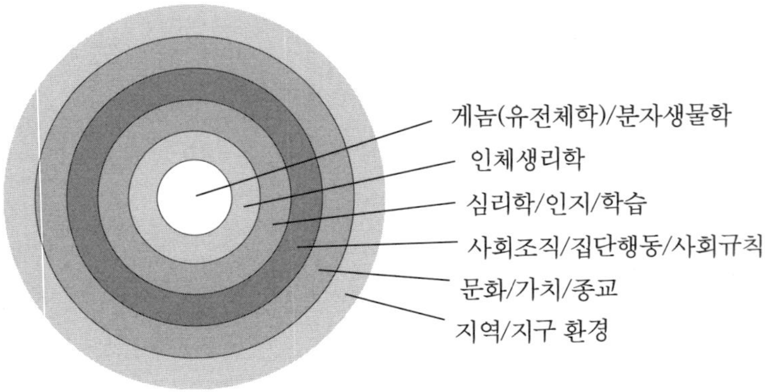

[그림 5-7] 인간행동의 통합적 연구: 사회기술

출처: Yonas (2002).

회조직 · 집단행동 · 사회규칙 등과 같은 사회과학과 문화 · 가치 · 종교와 같은 인문학 분야, 그리고 지역 · 지구 환경과 같은 자연과학 분야를 통합적으로 연구할 필요성을 제기하고 있다.

그중에서 사람의 마음과 마음의 작동과정을 연구하는 분야가 인지과학 분야다. 즉, 인지란 무엇인지, 인지가 무엇을 하는지, 인지가 어떻게 작동하는지 등을 연구한다. 따라서 인간의 지능, 행동 그리고 정보가 인간의 신경계 안에서 또는 컴퓨터와 같은 기계 안에서 지각, 언어, 기억, 추론, 감정 등의 능력으로서 어떻게 묘출(描出)되는지, 처리되는지, 변환되는지 등을 연구한다. 이를 연구하는 데 필요한 지식은 여러 학문으로부터 동원되어야 한다. 대체로 [그림 5-8]에서 보는 바와 같이, 철학, 심리학, 인류학, 언어학, 신경과학, 인공지능, 교육학, 사회학 등이 간학문적으로 연구할 수 있는 분야다.

인지과학을 접근하는 데에는 철학, 심리학, 인류학, 언어학, 신

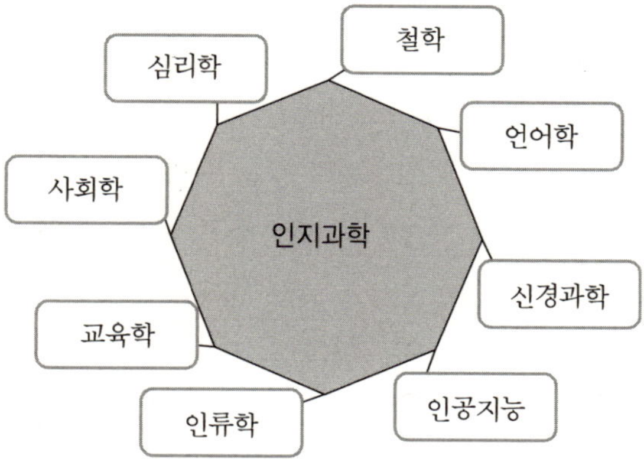

[그림 5-8] 인지과학을 구성하는 학문 분야

경과학, 인공지능 등의 간학문적인 접근이 적절하다고 보는 입장도 있고, 여기에 교육학과 사회학을 포함하는 것이 필요하다는 입장도 있다. 인지과학의 내용 중 중요한 것은 학습이며, 학습은 교육학의 주요 내용이므로 교육학이 포함되는 것이 합리적인 분류라고 할 수 있다. 사회학도 인간의 인지행동을 이해하는 데 필요한 사회적인 접근을 하기 때문에 포함하는 것이 합리적이다. 앞으로 교육학은 인지과학적인 접근을 통해 밝혀지는 지식과 정보를 교육과 학습에 적절하게 활용하는 방향으로 발전해 나갈 것으로 예상된다.

제 6 장

OECD의 21세기 핵심역량

1. OECD가 추천하는 21세기 핵심역량

OECD가 2003년에 제시한「핵심역량의 정의와 내용(Definition and Selection of Competencies: DeSeCo)」은 1997년 국제 학업성취도 평가(Programme for International Student Assessment: PISA)가 제안될 때부터 연구를 시작한 것이다. 이것은 1997년에 제안된 PISA가 학력평가의 성격을 띠고 있기 때문에 학력을 넘어서는 역량을 평가해야 할 필요성이 제기되었고, 이를 위해 새로운 관점에서 방향 설정을 해야 했기 때문이다.

핵심역량을 도출하기 위한 모형은 [그림 6-1]과 같다. 즉, 먼저

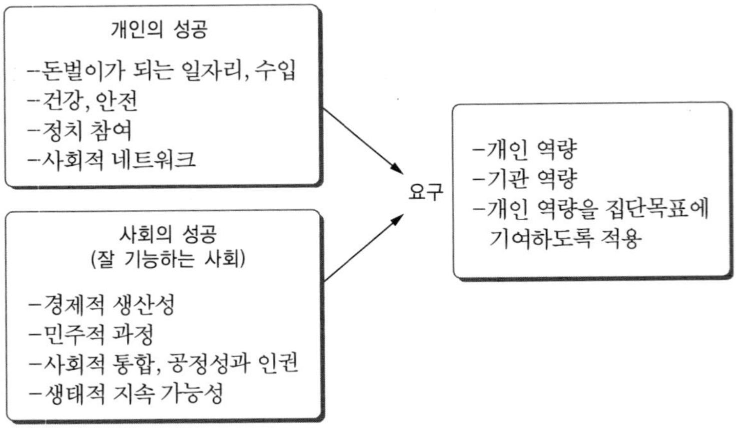

[그림 6-1] 개인과 사회의 목표와 필요한 역량

출처: OECD (2003).

개인의 성공과 사회의 성공(잘 기능하는 사회)을 위해 필요한 개인과 기관의 역량은 어떠한 것들이 있는지, 그런 다음 개인 역량을 집단목표에 기여하도록 하려면 어떤 역량이 필요한지를 살펴봄으로써 필요한 역량을 도출해 내는 것이다. 여기서 개인의 성공은 일자리와 수입, 건강과 안전, 정치 참여, 그리고 사회적 네트워크 형성 등으로 볼 수 있고, 사회의 성공은 경제적 생산성, 민주적 과정, 사회적 통합, 공정성과 인권, 그리고 생태적 지속 가능성 등으로 볼 수 있다.

[그림 6-1]과 같이 개인과 사회의 성공은 개인 역량, 기관 역량 그리고 개인 역량을 집단목표에 기여하도록 적용할 것을 요구하고 있다. OECD가 [그림 6-1]에 제시된 모형에 따라 각계 각층의 전문가들로부터 수십 차례에 걸쳐 의견을 모으고 검토하여 정리한 핵심역량은 〈표 6-1〉과 같다.

〈표 6-1〉 핵심역량과 그것이 필요한 이유 및 역량의 내용

핵심역량	필요한 이유	역량 내용
도구를 자유자재로 사용하는 능력	• 최신 기술을 보유하기 위해 • 자신의 목적에 도구를 맞추기 위해 • 세상과 적극적인 대화를 나누기 위해	• 언어, 심볼, 문서 이해 능력 • 지식, 정보 능력 • 기술 능력
이질적인 집단 내에서 소통하는 능력	• 다원화된 사회에서 다양성을 다루기 위해 • 공감의 중요성 때문에 • 사회적 자본의 중요성 때문에	• 다른 사람과의 좋은 관계를 갖는 능력 • 협동, 팀으로 일하는 능력 • 갈등을 관리, 해결하는 능력
자율적으로 행동하는 능력	• 복합적 세계에서 정체성을 실현하고 목표를 설정하기 위해 • 권리 행사와 책임 수행을 위해 • 환경을 이해하고 기능하도록 하기 위해	• 큰 그림 속에서 행동하는 능력 • 인생 설계와 개인적인 프로젝트를 수행하는 능력 • 권리, 흥미, 한계와 필요를 주장하고 방어하는 능력

출처: OECD (2003).

〈표 6-1〉에 제시된 세 가지 핵심역량, 즉 도구를 자유자재로 사용하는 능력, 이질적인 집단 내에서 소통하는 능력, 그리고 자율적으로 행동하는 능력은 한 개인 안에 내재된 능력이므로 세 가지 핵심역량은 항상 서로 통합적으로 작용하여 행동으로 나타난다. 예를 들면, 문화와 언어권이 다른 지역의 사람을 만나 소통하고 협력하기 위해서는 외국어 능력뿐만 아니라 다른 문화권 사람과 협력해서 일할 수 있는 능력이 필요하며, 이것이 자신이 하고자 하는 큰 그림 속에서 갈등 없이 일어날 수 있도록 행동하는 능

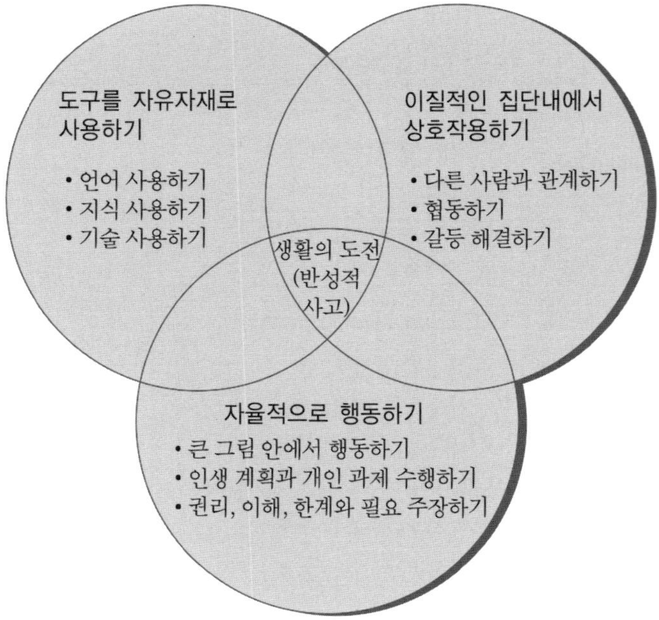

[그림 6-2] 세 가지 핵심역량이 중첩되는 생활의 도전과 반성적 사고
출처: OECD (2003).

력이 동시에 작용하고 있다.

[그림 6-2]에서 보여 주듯이, 이 세 가지 역량이 서로 갈등 없이 잘 일어날 수 있도록 하기 위해서는 세 가지 역량이 서로 가깝게 중첩되어 작용할수록 가운데 부분, 즉 생활의 도전에 대한 반성적 사고(reflectiveness) 부분이 커지게 되면서 합리적인 판단과 행동을 할 수 있다. 가운데 부분에 제시된 생활의 도전은 세 가지 역량을 최대한 활용하여 깊은 통찰을 해야 적절하게 대응해 나갈 수 있다.

OECD(2003)는 개인이 상황과 맥락에 따라 반성적 · 비판적으로 사고하고 행동하는 능력을 갖추기를 기대한다. 이것은 개인이 자

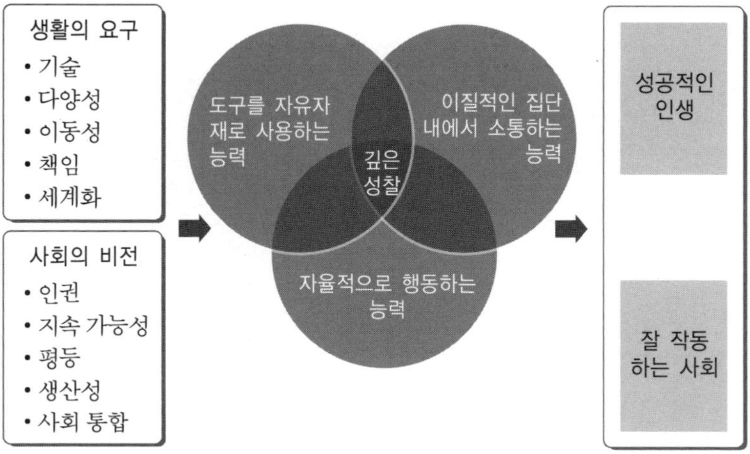

[그림 6-3] 핵심역량을 이루고 있는 세 가지 이론적 요소

출처: OECD (2003).

신을 지적·도덕적으로 성숙한 개체라고 생각하고, 자신의 학습과 행동에 대해 책임질 수 있는 능력을 갖추기 위해 노력해야 함을 의미한다.

지금까지 살펴본 내용들, 즉 개인이 성공하고 사회가 기능적으로 잘 작동하도록 하기 위해 개인이 갖추어야 할 역량은 세 가지로 요약되고, 이 역량들을 최대한 활용하기 위해 깊은 성찰을 기초로 한 행동을 한다면 [그림 6-3]과 같이 개인과 사회가 성공할 수 있다고 본다.

OECD(2003)는 개인과 사회가 잘 기능하기 위해 모든 개인은 세 가지 핵심역량을 갖추어야 하며, 이것은 곧바로 개인과 사회의 성공으로 연결된다고 보았다. 그러므로 세 가지 핵심역량을 골고루 잘 갖추는 것이 가장 좋으나, 개인 또는 사회의 상황에 따라 서로 핵심역량은 여러 가지 상황에서 다양한 조합으로 사용된다.

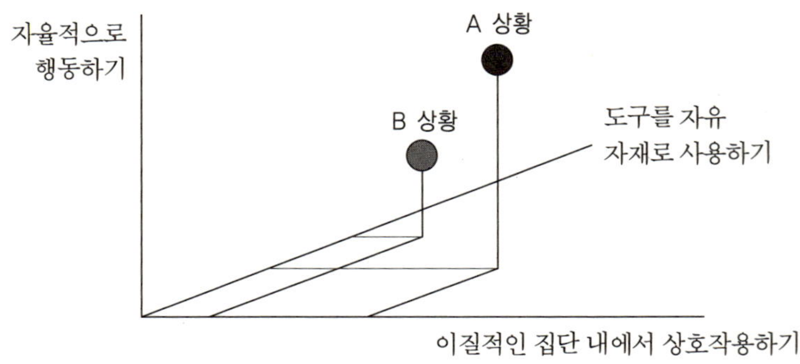

[그림 6-4] 세 가지 핵심역량의 수준별 개인 또는 사회의 위상

출처: OECD (2003).

조금씩 다른 위상을 보인다. 예를 들면, [그림 6-4]에서 A 상황에 있는 개인이나 사회는 B 상황과 비교해 볼 때, 도구를 자유자재로 사용하는 능력은 상대적으로 떨어지지만 이질적인 집단 내에서 상호작용하는 능력과 자율적으로 행동하는 능력은 앞서고 있음을 보여 주고 있다.

우리나라의 경우는 서양 국가들과 비교해 보면 B 상황과 같다. 즉, 개인과 사회가 도구를 자유자재로 사용하는 능력은 다른 선진국가에 비해 상대적으로 앞서지만 이질적인 집단 내에서 상호작용하는 능력과 자율적으로 행동하는 능력은 떨어지고 있다. 그러므로 우리 교육은 앞으로 선진국가로서 기능하기 위해 학생들이 이질적인 집단 내에서 상호작용하는 능력과 자율적으로 행동하는 능력을 더 많이 키워 나갈 수 있도록 교육하고 훈련해야 한다.

OECD는 그동안 경제 발전을 위한 교육의 인적 자본적인 접근으로부터 교육의 사회적 자본, 즉 사회통합 또는 사회 발전을 강조하는 추세로 변하고 있다. 우리 교육은 앞으로 학생들로 하여금 OECD가 추천하는 세 가지 역량을 두루 발달시키고 상황과 맥락에 따라 반성적 · 비판적으로 사고하고 행동하는 훈련을 강조하는 방향으로 나아가야 한다.

2. 뉴질랜드의 핵심역량 교육과정

OECD가 추천하는 핵심역량 중심 교육과정을 가장 충실하게 실천에 옮기고 있는 대표적인 국가는 뉴질랜드다. 미국, 영국, 독일, 호주, 캐나다와 같은 대부분의 선진국은 연방국가체제를 이루고 있으며, 이러한 연방정부 수준에서 통일된 교육과정을 운영하는 일이 매우 힘들다. 뉴질랜드는 7개 분야로 만들어진 기존 교육과정을 2007년에 하나로 통합시켜 역량기반 교육과정을 만들고, 2010년부터 시행하였다. 새로 만든 국가 교육과정을 비전, 가치, 핵심역량, 학습 영역, 학습 단계 순으로 살펴본다.

1) 비 전

뉴질랜드 교육과정의 비전은 다음과 같다. 즉, ① 자신감 있고, ② 다른 사람과 사회와 연결되어 있고, ③ 적극적으로 참여하고, ④ 평생학습하는(confident, connected, actively involved, lifelong learners) 청소년 양성이다.

〈표 6-2〉 뉴질랜드 교육과정의 비전

비전	비전의 구체적인 내용
자신감 있고	• 자신을 긍정적으로 인식하고 • 동기가 부여되어 있으며 믿을 수 있고 • 임기응변의 재주가 있고 • 기획력이 있고 모험적인 사업가의 자질과 • 유연한 회복력이 있는 사람
다른 사람과 사회와 연결되어 있고	• 다른 사람과 관계를 잘할 수 있고 • 소통 도구를 효과적으로 사용하고 • 환경과 대지에 연결되어 있고 • 지역사회의 일원이면서 • 국제적인 시민
적극적으로 참여하고	• 다양한 삶의 현장에 참여하고 • 뉴질랜드의 사회적 · 문화적 · 경제적 · 환경적 안녕에 기여하는 사람
평생학습자	• 문해능력과 수리능력을 갖추고 • 비판적 · 창의적인 사고를 하며 • 지식을 적극적으로 찾고, 사용하고, 창조하는 • 상황에 정통한 의사결정자

출처: New Zealand Ministry of Education (2007).

2) 가 치

뉴질랜드의 학교교육에서 중요하게 생각하고 추구하는 가치는 다음 여덟 가지다. 즉, ① 수월성(excellence), ② 혁신, 탐구, 호기심(innovation, inquiry, and curiosity), ③ 다양성(diversity), ④ 공정성(equity), ⑤ 지역사회와 참여(community and participation), ⑥ 생태적 지속 가능성(ecological sustainability), ⑦ 성실(integrity), ⑧ 존중(respect)이다.

〈표 6-3〉 뉴질랜드 교육과정에서 추구하는 가치

번호	가치	가치 설명
1	수월성	높은 목표, 어려움을 불굴의 의지로 이겨 냄
2	혁신, 탐구, 호기심	비판적 · 창의적 · 반성적 사고
3	다양성	다양한 문화, 언어, 유산 등
4	공정성	공정과 사회정의 구현
5	지역사회와 참여	공동선을 추구하기 위해 지역사회에 참여
6	생태적 지속 가능성	환경보호의 필요성 인식
7	성실	정직, 책임성, 신뢰, 윤리성 등
8	존중	자신과 타인, 인권 등 인류 보편적 가치

출처: New Zealand Ministry of Education (2007).

3) 핵심역량

뉴질랜드의 학교교육을 통해 기르고자 하는 핵심역량(key competencies)은 다음 다섯 가지다. 즉, ① 사고능력(thinking), ② 언어, 심볼, 텍스트 사용 능력(using language, symbols, and texts), ③ 자기관리 능력(managing self), ④ 다른 사람과의 관계 능력(relating to others), ⑤ 참여와 기여 능력(participating and contributing)이다.

여기서 사고능력은 OECD의 반성적 사고와 유사하고, 언어, 심볼, 텍스트 사용 능력은 OECD의 지적 도구와 일치하며, 자기관리 능력은 자율적으로 행동하기와 유사하다. 그리고 다른사람과의 관계 능력 및 참여와 기여 능력은 이질적인 집단 내에서 소통하기와 유사하다. 그러므로 전체적으로 뉴질랜드 교육과정의 핵심역량은 OECD의 핵심역량과 유사하다고 할 수 있다.

〈표 6-4〉 뉴질랜드 교육과정이 추구하는 핵심역량

핵심역량	핵심역량 설명
사고능력	정보, 경험, 아이디어를 의미 있게 만드는 창의적 · 비판적 · 초인지적 사고과정
언어, 심볼, 텍스트 사용 능력	언어와 심볼, 텍스트는 정보, 경험, 아이디어를 표현하고 소통하는 체제이므로 학생들은 이 도구들을 자신 있게 구사할 수 있어야 함
자기관리 능력	자신을 스스로 동기부여하고 할 수 있다는 태도를 가져야 함
다른 사람과의 관계 능력	다양한 상황에서 다양한 사람과 관계할 수 있는 능력
참여와 기여 능력	가족, 학교, 지역사회, 국가, 국제사회에 참여하고 기여하는 능력

출처: New Zealand Ministry of Education (2007).

4) 8개 학습 영역

뉴질랜드의 학교에서 교육하는 교과목 또는 학습 영역(learning areas)은 다음 여덟 가지로 분류된다. ① 영어(English), ② 예술(the arts), ③ 건강과 체육(health and physical education), ④ 언어학습(learning languages), ⑤ 수학과 통계(mathematics and statistics), ⑥ 과학(science), ⑦ 사회과학(social sciences), ⑧ 기술(technology)이다. 뉴질랜드는 영어, 마오리어, 수어를 공식 언어로 교육하고, 외국어는 별도로 다루고 있다.

새로 만든 뉴질랜드 교육과정의 특징은, 첫째, 예술과 체육을 강조한다. 영어에 이어 예술 과목은 두 번째, 체육 과목은 세 번째 순으로 위치하고 있다. 우리나라에서 예체능 과목은 항상 제일 뒤에 위치하고, 시간이 없다는 이유로 곧잘 주요 교과목에 밀리는

〈표 6-5〉 뉴질랜드 교육의 학습 영역

	학습 영역	학습 영역 설명	주요 학습 내용
1	영어	• 듣기, 읽기, 감상하기 • 말하기, 쓰기, 발표하기	
2	예술	• 맥락 속에서 예술 이해하기 • 예술의 실제적인 지식 개발하기 • 예술에서 아이디어 개발하기 • 예술에서 소통하고 해석하기	댄스 드라마 음악 미술
3	건강과 체육	• 개인적인 건강과 신체 발달 • 동작 개념과 운동 기량 • 다른 사람과 관계 • 건강한 지역사회와 환경	건강교육 체육교육 가정경제
4	언어학습	• 의사소통/언어 지식/문화적 지식	마오리어 수어(手語)
5	수학과 통계	• 양, 공간, 데이터를 가지고 관계 탐구하기	수와 대수 기하와 측정 통계
6	과학	• 자연과 과학 탐구하기	과학의 본성 생명의 세계 지구와 우주 물리의 세계 재료의 세계
7	사회과학	• 사회가 작동하는 방식 이해하기 • 사회에 비판적인 책임 있는 시민으로 참여하고 대응하기	정체성, 문화, 조직 공간과 환경 계속성과 변화 경제의 세계
8	기술	• 상품과 시스템을 혁신적으로 개발 • 합리적이고 특색 있는 소비자의 자질	기술적 실행 기술적 지식 기술의 본성
	외국어		스페인어/프랑스어/독일어/중국어 등

출처: New Zealand Ministry of Education (2007).

것과는 매우 다르다. 예술 과목의 내용으로 댄스와 드라마가 맨 먼저 나오는 것도 시대에 맞는 변화로 볼 수 있다.

둘째, 수학 과목에서 통계와 확률 등을 가르치는 것도 눈여겨 볼 필요가 있다. 이는 기하급수적 변화의 시대에 걸맞은 내용이라고 할 수 있다.

셋째, 과학 과목의 명칭을 생물은 '생명의 세계', 물리는 '물리의 세계', 화학은 '재료의 세계'로 한 것은 이들을 통합하여 가르치기 쉽게 만든 명칭이다.

넷째, 기술 과목에서 목공 같은 것이 아닌 첨단 기술의 세계에 대해 가르치는 것도 시대 변화를 반영한 것으로 볼 수 있다.

한마디로 말하면, 뉴질랜드의 교육과정은 시대 변화를 충분히 고려하고 심사숙고하여 만든 것이다. 우리 교육과정도 이와 같이 시대 변화에 맞는 방향으로 연구를 하여 새롭게 개편되어야 한다.

5) 8개의 학습 단계(8개 학습 분야별)

뉴질랜드는 8개의 학습 영역을 유치원부터 고등학교까지 전체 교육기간(K-12) 동안 각 과목별로 8개의 학습 단계로 나누고, 각 단계별로 성취하고자 하는 핵심역량을 설정해서 교육하고 있다.

6) 교육 운영의 원칙

뉴질랜드의 학교에서 교사가 지켜야 하는 교육 운영의 원칙은 다음과 같다.

- 높은 기대
- 와이탕기 조약(Treaty of Waitangi) 존중: 건국 초기 뉴질랜드 원주민(마오리족)과 맺은 조약
- 문화적 다양성
- 포용과 차별 금지
- 학습 방법의 학습
- 지역사회 참여
- 일관성
- 미래 지향: 지속 가능 발전, 시민의식, 진취성, 세계화

7) 효과적인 교수법

뉴질랜드의 정부가 추천하고 있는 효과적인 교수법은 다음과 같다.

- 지원적인 학습환경 조성
- 반성적인 사고와 행동 격려
- 새로운 학습의 타당성 제고
- 공유된 학습 촉진
- 선행 학습과 경험에 연결하기
- 학습을 위한 충분한 기회 제공
- 탐구로서의 교수

8) 효과적인 평가의 특성

뉴질랜드의 교사는 효과적인 평가는 다음과 같은 특성을 갖는다고 교육받는다.

- 학생에게 득이 된다.
- 학생을 참여시킨다.
- 교수-학습 목표를 지원한다.
- 미리 계획되고 상호 소통된다.
- 목적에 적합하다.
- 타당하고 공정하다.

따라서 뉴질랜드의 교사는 학생을 평가할 때 이 평가가 학생에게 이로운 일인가, 학생을 참여시키고 있는가 등을 생각한다.

3. 싱가포르의 핵심역량 교육 사례

싱가포르는 뉴질랜드와 같이 매우 빠른 속도로 OECD가 추천하는 핵심역량 중심 교육과정을 도입하고 있다. 싱가포르의 교육목표, 학교급별 학생교육의 주요 목표/성과 등은 다음과 같다.

1) 싱가포르의 교육목표

싱가포르의 교육목표는 다음의 네 가지다. 즉, ① 자신 있는 사람(confident person), ② 자발적인 학습자(self-directed learner), ③ 적극적인 기여자(active contributor), 그리고 ④ 관심 있는 시민(concerned citizen) 등이다. 이는 뉴질랜드의 교육목표와 유사한 것

〈표 6-6〉 싱가포르의 교육목표

교육목표	구체적인 내용
자신 있는 사람	• 옳고 그런 것을 구별할 줄 알고 • 변화에 적응하고 역경을 이겨 낼 수 있고 • 자신을 알고 • 분별력 있는 판단과 • 독립적이고 비판적으로 생각하고 • 효과적으로 의사소통할 수 있는 사람
자발적인 학습자	• 스스로 질문을 하고 • 반성적으로 사고하고 • 꾸준히 학습하고 책임지는 학습자
적극적인 기여자	• 팀을 이루어 효과적으로 일할 줄 알고 • 혁신적이고 • 주도적이고 • 계산된 위험을 감수하고 • 수월성을 추구하는 기여자
관심 있는 시민	• 싱가포르에 뿌리를 두고 • 시민으로서의 강한 책임감을 가지고 • 싱가포르와 세계에 대해 알고 • 주변 사람들의 더 나은 생활을 위해 적극적인 역할을 담당하는 시민

출처: Singapore Ministry of Education Homepage (2013). www.moe.gov.sg.

을 알 수 있다. 뉴질랜드와 싱가포르의 교육목표로 나오는 자신감과 사회에 기여하는 것 등은 우리 교육에서도 중요하게 고려할 필요가 있다.

2) 싱가포르의 학교급별 학생교육의 주요 목표/성과

싱가포르에서는 다음의 여덟 가지 사회정서적 능력을 키우기 위해 학교급별로 목표를 정해 교육하고 있다. 즉, ① 도덕적 청렴성, ② 자신을 알고 자신을 관리, ③ 함께 살아갈 수 있는 협동성, ④ 창의적인 탐구력, ⑤ 의사소통 능력, ⑥ 탁월성 추구, ⑦ 체육과 예술생활, ⑧ 애국심이다.

싱가포르의 교육목표 중 특별히 생각되는 것들은 도덕적 청렴성, 체육과 예술생활, 그리고 애국심 등이다. 뉴질랜드와 좀 다르지만, 같은 동양 국가인 우리는 쉽게 공감할 수 있다. 우리 사회도 도덕적 청렴성과 애국심이 강조될 필요가 있고, 또한 체육과 예술생활을 강조한 것은 21세기가 인성과 감성, 사회성을 매우 중요하게 교육해야 하는 시대임을 암시하고 있어 우리 교육에 시사하는 바가 매우 크다.

〈표 6-7〉 싱가포르의 학교급별 주요 교육목표

주요 목표/성과	초등학교(7~12세)	중등학교(13~16세)	후기 중등학교(17~19세)
도덕적 청렴성	옳은 것과 그른 것을 구별할 줄 안다.	도덕적 청렴성을 갖는다.	옳은 것을 위해 일어설 수 있는 도덕적 용기를 갖는다.
자신을 알고 자신을 관리	자신의 장점과 성장 분야를 안다.	자신의 능력을 믿고, 변화에 적응할 줄 안다.	역경에 처했을 때 굴하지 않고 이겨낸다.
함께 살아갈 수 있는 협동성	다른 사람을 위해 협동하고, 나누고, 도와줄 줄 안다.	팀을 이루어 일하고, 다른 사람을 위해 공감을 보일 줄 안다.	다른 문화권과 협업할 수 있고, 사회적으로 책임을 질 수 있다.
창의적인 탐구력	사물에 대해 생생한 호기심을 갖는다.	창의적이고 탐구하는 마음을 갖는다.	혁신적이고 진취적이다.
의사소통 능력	자신을 위해 생각하고, 자신 있게 표현할 수 있다.	다양한 견해를 존중하고, 효과적으로 의사소통할 수 있다.	비판적으로 생각하고, 설득력 있게 의사소통할 수 있다.
탁월성 추구	자신의 일을 자랑한다.	자신의 학습에 책임을 진다.	탁월성을 추구하는 목적의식이 있다.
체육과 예술생활	건강한 습관을 갖고, 예술에 관심을 보인다.	신체적인 활동을 즐기고, 예술을 감상한다.	건강한 생활방식을 추구하고, 미학을 즐긴다.
애국심	싱가포르를 알고 사랑한다.	싱가포르를 믿고, 무엇이 싱가포르에 중요한 것인지를 이해한다.	싱가포르인임을 자랑스러워하고, 세계와의 관계 속에서 싱가포르를 이해한다.

출처: Singapore Ministry of Education Hompage (2013). www.moe.gov.sg.

제 7 장

미국의 교육개혁 사례

미국은 50개 주가 독자적으로 학교교육을 운영하고 있기 때문에 연방정부 수준에서 적극적으로 개입하기 어려운 구조를 가지고 있다. 우리나라는 「헌법」에 국민교육에 대한 국가의 책임을 명시하고 있지만, 미국 연방헌법에는 교육에 관련된 내용이 없고 주 헌법에서 학교교육을 다루고 있다. 하지만 1957년 구소련이 세계 최초로 인공위성을 발사한 스푸트니크 충격(Sputnic shock) 이후 연방정부 수준에서 과학교육을 강화하는 노력을 적극적으로 보였다.

이 사건은 워낙 국가적인 관심을 모은 일이었기 때문에 미국 전역의 학교가 적극 동참하였다. 이후 1960년대 인권운동이 미국 사회의 주요 이슈가 되면서 기본인권 보장 차원에서 저소득층의 학생들을 재정적으로 지원하기 위한 「초중등교육법(Elementary and Secondary Education Act: ESEA)」이 1965년에 도입되었다. 이와 같이 소극적인 입장을 유지하던 연방정부는 1980년대 경제가 어려워지면서 새삼 교육에 관심을 가지기 시작했다.

여기서는 연방정부가 1983년에 발표한 「위기에 처한 국가」 보고서, 2002년에 도입한 「아동낙오방지법」, 그리고 2010년부터 도입한 '정상을 향한 경주' 정책에 대해 살펴보고자 한다. 그런 다음 민간 차원에서 하고 있는 '사회정서학습' 노력과 '학습지표 개발' 노력을 살펴본다.

1. 「위기에 처한 국가」 보고서

미국교육 개혁의 필요성을 첫 번째로 제시한 보고서는 매우 유명한 「위기에 처한 국가」다. 미국의 레이건 정부는 1983년 '국가교육수월성위원회(National Commission on Excellence in Education)'를 통해 교육 문제를 진단하고 대책을 제시하도록 하였다. 당시 미국 사회에는 1970년대의 두 차례에 걸친 석유 파동으로 시장에서 일본의 소형차가 미국의 대형차를 압도하였고, 이에 따라 미국 경제가 일본에 의해 추월당하지 않을까 하는 우려가 팽배하였다.

미국의 정치경제계는 경제 침체의 원인을 교육에서 찾아보려고 하였다. 이 국가교육수월성위원회는 정치, 경제 등 사회의 여러 분야 지도자들이 참여하여 검토한 「위기에 처한 국가」 보고서를 제출하였다. 이 보고서는 당시 미국 교육이 학생을 국제사회에서 경쟁할 수 있는 수준으로 교육시키는 데 실패하고 있다고 보았으며, 그 실패의 원인을 미국 교육이 수월성을 추구하지 않고 평범성, 보통주의, 적당주의(educational mediocrity)에 빠져 있기 때문이라고 지적하였다.

이 보통주의는, 첫째, SAT 점수를 낮추고, 성취 기준이 내려가며, 학점 부풀리기, 수학, 과학과 생활기능 문해의 저조한 성취로 나타나고 있다고 보았다. 둘째, 기초학력이 부족한 학생을 다른 학생과 함께 가도록 해야 자아존중감이 유지된다는 이유에서 유급시키지 않고 진급(social promotion)시키는 문제도 나타나고 있다고 하였다. 셋째, 교사가 되기 위해 교사교육 프로그램에 들어오는 학생의 언어와 수학 점수가 매우 낮은 경우가 있음을 경고하였다. 보고서는 기본적으로 교육계의 도덕적 해이(moral hazards)를 강하게 비판하고 있다.

보고서는 세 가지 강력한 개혁을 주문하였다. 그 개혁은 ① 영어, 수학, 과학, 사회, 컴퓨터 과학의 수업시간을 늘이면서 성취 기준을 높이고, ② 기초학력이 부족한 학생의 진급을 중지하며, ③ 전 직종을 통해 평균 이하인 교사의 보수 수준을 개선하고 능력 있는 교사를 유치할 수 있도록 교사의 보수를 올리는 것이다. 보고서가 나온 이후 미국은 학교교육에 대한 관심과 재원이 늘어났지만 성과는 이중적이다.

먼저, 기초학력이 부족한 학생에 대한 진급 문제는 학생의 자아존중감, 그리고 많은 학생을 붙잡아 둘 경우 발생하는 과부하의 문제 등의 이유로 여전히 진행 중이다. 다음으로, 많은 주와 학교구에서 성취 기준을 높이고 성적도 오르고 있지만, 시험이 쉬워져 점수가 올라가는 경우가 있음을 비판하고 있다. 몇몇 주와 학교구에서 교사와 행정가의 보수를 학생의 성적과 연계하여 올리고는 있지만 긍정과 부정의 결과를 낳고 있다. 이와 같이 「위기에 처한 국가」 보고서는 교육에 대한 사회적인 관심을 높이는 면에서는 성공적이었지만, 문제를 해결하는 면에서는 성공적이지 않았다.

2. 아동낙오방지법

두 번째로 연방정부가 교육개혁을 위해 입법 조치를 취한 것은 「아동낙오방지법(No Child Left Behind: NCLB)」이다. 미국의 부시 정부가 2002년 도입한 이 법은 1965년 소위 '가난과의 전쟁(War on Poverty)'의 일환으로 경제적 · 신체적 · 학습적인 면에서 취약한 아동을 도와주기 위해 도입된 「초중등교육법」을 수정하여 재인증한 것이다. 「아동낙오방지법」은 사회생활에 필요한 기본적인 읽기와 쓰기, 셈하기를 하지 못하는 학생에게 주별로 일정 수준의 성취 기준을 설정하고 목표 달성 여부를 평가해서 그 결과에 대해 학교와 학교구가 책임지도록 하는 매우 강력한 개혁 방안을 제시하고 있다.

이것은 고등학교에서 중도에 탈락하는 학생이 너무 많고, 이 학생들이 결국 정상적인 사회생활을 하지 못할 뿐만 아니라 마약, 범죄, 폭력 등에 빠지게 되고 수감 생활을 하게 됨으로써 부담해야 하는 사회적 비용(social costs)이 너무 크기 때문에 이를 바로잡지 않으면 안 되겠다는 사회적인 공감에서 나온 것이다. 이 개혁은 도입 이후 12년 동안, 즉 2014년까지 단 한 명의 낙오자도 없이 미국의 모든 아동이 일정 수준의 3R, 즉 읽기, 쓰기와 셈하기를 할 수 있도록 한다는 매우 의욕적인 내용을 담고 있다.

이 법은 당시 부시 대통령이 텍사스 주의 주지사로서 성공적인 교육개혁을 한 것을 바탕으로 하고 있으며, 미국 상원의 교육위원장인 케네디 민주당 상원의원이 공동 발의자로 주도적으로 참여함으로써 공화당과 민주당의 강력한 지지를 받으며 탄생하였다. 이 법은 각각의 주정부가 독립적으로 주 내의 모든 학생이 달성해야 할 기준을 정하도록 하고 있으며, 다만 경제적 · 신체적 · 정신적으로 취약한 아동과 영어가 모국어가 아닌 아동은 별도의 기준을 정하여 적용하도록 하고 있다.

이에 따라 각 주는 학생의 3R의 기초능력 면에서 달성해야 할 목표를 정하고, 발전 정도를 매년 평가하여 연방정부와 해당 학생의 부모에게 직접 보고하고, 교사의 질을 관리하고, 재원 사용의 범위 내에서 재원을 사용해야 한다. 주정부가 이를 준수하는 조건으로 연방정부는 주정부에 지원금을 주도록 하였다. 그동안 연방정부의 간섭을 받지 않고 교육을 운영하던 주정부는 연방정부의 이러한 개입에 대해 매우 불편을 느꼈으며, 교원단체 또한 교원의 신분에 불안을 느끼고 반대입장을 표시해 왔다.

「아동낙오방지법」에서 정한 것을 구체적으로 살펴보면, 「초중등교육법」에 따라 지원을 받는 모든 학교는 매년 5학년의 95% 이상이 평가 시험에 참가해야 하며, 전년도 5학년 성적보다 적절한 수준으로 높게 설정한 '연간 적정 향상도(Adequate Yearly Progress: AYP)'를 충족해야 한다. AYP를 정할 때에는 최근 3년간의 성취 자료를 참고할 수 있다. 만약 평가 결과가 적정 기준을 충족하지 못할 경우, 주정부는 다음과 같은 절차에 따른 조치를 취해야 한다.

「아동낙오방지법」이 규정하고 있는 사후조치 절차

1) 학교가 2년 연속 기준을 충족하지 못하면 '개선필요학교(in need of improvement)'로 분류하고, 잘 가르치지 못한 주제에 대해 '2개년개선계획'을 만들어야 한다. 학생들은 학교구 내 더 좋은 학교로 전학(만약 부모가 원하고, 들어갈 자리가 있으면)할 수 있는 기회가 주어진다.
2) 학교가 3년 연속 기준을 충족하지 못하면 해당 학생에게 '무료 강습'과 '방과 후 수업' 등 다른 보충 교육을 제공해야 한다.
3) 학교가 4년 연속 기준을 충족하지 못하면 '수정요구학교(corrective action)'로 분류하고, 이 학교는 교직원의 전원 재배치, 새 교육과정 도입, 수업시간 연장 등의 조치를 취해야 한다.
4) 학교가 5년 연속 기준을 충족하지 못하면 학교 전체를 재구조화하는 계획을 마련하고, 6년 연속 기준을 충족하지 못하면 이 계획을 바로 실천에 옮겨야 한다. 여기서 일반적으로 선택할 수 있는 재구조화 계획은 ① 학교 폐쇄, ② 학교의 운영 주체를 바꾸는 협약학교로 전환, ③ 기업회생 회사와 같은 민간 회사가 학교 운영, ④ 학교구가 아닌 주교육청이 학교를 직접 운영하는 체제로 전환하는 것 등이다.

출처: U.S. Department of Education (2002).

이 과정에서 주정부는 주 내의 모든 학교와 학생에게 하나의 높은 기준과 통일된 교육과정을 제공해야 한다. 또한 자격을 갖춘 교사가 배치되도록 교사 자격기준을 정하고, 모든 학교에 이 기준을 충족한 교사를 배치해야 한다. 이 모든 개혁 조치는 학교의 책무성을 높이기 위한 것이다.

교사, 학교 및 학교구에 대한 「아동낙오방지법」의 효과는 긍정과 부정의 양면을 보이고 있다. 첫째, 이 법을 지지하는 사람들은 교사, 학교 및 학교구의 책무성이 증대하였다고 보고 있다. 지지자들은 주의 교육 기준이 학생의 성취와 연결되고, 학생의 성취가 평가되며, 학부모에게 학교가 얼마나 잘하고 있는지 등의 필요한 정보를 제공하고, 이에 따라 학부모의 참여가 증대되고 행정이 개선된 점을 긍정적으로 보고 있다. 예를 들면, 펜실베이니아 주는 학생의 성취에 나쁜 성적을 낸 학교구에 대한 지원을 줄임으로써 교사의 월급이 영향을 받도록 하였다. 그러나 반대자들은 잘하지 못하는 학교구에 대한 지원을 줄이면 더 잘할 수 없게 된다는 이유를 내세우며 반대하고 있다.

둘째, 2년 연속 기준을 충족하지 못하는 경우 학생들은 학교 선택권을 가진다. 그러나 들어가고 싶은 좋은 학교는 자리가 없어 학생들을 받아 주지 못하는 문제를 안고 있다. 예를 들면, 뉴욕 시의 경우 법 시행 후 약 1만 1,000명의 학생이 전학을 희망했지만 약 1,000명 정도만 실제로 전학함으로써 10% 이내의 학생이 혜택을 보았다.

셋째, 학생의 시험 성적은 대체로 긍정적인 결과를 가져왔다. 즉, 전체적으로 학생들의 읽기와 셈하기의 성적이 좋아졌으며, 백인 학생과 아프리카계나 라틴아메리카계 미국인 학생 간의 차이도 줄어들었다. 그러나 비판자들은 교사들이 교육과정을 넓고 깊게 가르치지 않고 시험을 위한 교수(teaching to the test)를 하며, 성적에 초점을 맞추어 좁게 가르치고 있다고 지적하고 있다. 또한 평가 과목이 아니고 선택과목인 역사, 음악, 미술 등에 대해 시간

배정과 예산 지원을 소홀히 하고 있으며, 이로 인해 학생들의 지적 호기심을 발달시키지 못하고 있다는 비판도 있다. 그리고 우수 학생이나 시각장애 학생, 그리고 영어를 쓰지 않는 원주민 학생들을 배려한 교육이 이루어지지 않고 있다는 비판을 받고 있다.

넷째, 연방정부의 교육에 대한 역할 확대는 상대적으로 지방정부의 교육에 대한 통제를 제한하고 있다는 비판을 받고 있다. 전통적으로 미국은 주정부와 지방정부가 교육에 대한 책임과 권한을 행사해 왔으며, 연방정부는 법적으로뿐만 아니라 재정적으로 교육에 대한 책임이 없기 때문에 주정부와 지방정부가 연방정부의 간섭을 받지 않고 자율적으로 교육을 운영해 온 좋은 전통이 침해받고 있음을 부정적으로 보는 견해가 있다. 주정부가 세운 예산 사용의 우선순위, 예를 들어 우수학생을 위한 예산 등이 연방의 개입으로 바뀌는 것을 수용해야 하기 때문이다.

다섯째, 주정부는 좋지 않은 평가를 받지 않기 위해 결과를 정직하게 보고하지 않는 경우가 생기고 있다. 예를 들면, 「아동낙오방지법」에 있는 중도 탈락 학생 방지를 위해 텍사스 휴스턴의 한 학교구는 중도 탈락 학생을 정직하게 보고하지 않았으며, 이런 예는 아프리카계나 라틴아메리카계 소수 학생이 많은 주에서 발생하고 있다. 또한 중도 탈락률은 줄이고 재취학 학생은 늘임으로써 졸업률을 높이는 등의 일이 일어나고 있다.

여섯째, 「아동낙오방지법」은 「장애아교육법(Education for all Handicapped Children Act of 1975, Individuals with Disabilities Education Act of 2004)」에서 규정한 장애학생을 위한 특별 지원과 관련하여 재정 지원이 잘 되도록 하는 긍정적인 면이 있다. 그러

나 「장애아교육법」은 개인별 교육 프로그램과 개인별 재정 지원을 규정하고 있고 「아동낙오방지법」은 집단별 교육목표와 집단별 재정 지원을 규정하고 있기 때문에, 「아동낙오방지법」이 개인에게 지원 초점을 맞추지 않음으로써 장애학생이 중도 탈락하는 부정적인 면도 나타나고 있다.

일곱째, 연방정부의 「아동낙오방지법」은 매우 좋은 취지로 도입되었으나 재정 지원에 대해서는 부정적인 평가가 많다. 연방정부는 제도 도입 이후 주정부에 대한 재정 지원을 늘이기도 했으나 충분하지 않았으며, 교육은 어디까지나 주의 권한과 책임하에 있기 때문에 연방의 재원은 일정 한계를 넘어서기 어려웠다. 한편, 이 제도가 도입되는 시기인 2,000년대는 주의 재정 상태가 좋지 않아 교육에 대한 지원이 늘어나지 않았다. 재원의 한계는 이 제도의 한계가 존재함을 의미한다.

2002년에 도입한 「아동낙오방지법」은 12년 후에는 미국 내에서 단 한 명의 낙오 아동이 없도록 하는 것을 목표로 하고 있다. 그러나 현재 목표 연도인 2014년을 앞두고 있지만 원래 목표로 했던 바와 같이 한 명의 낙오자도 없이 모든 학생이 3R에서 주별로 설정한 목표를 달성하는 것은 현실적으로 어렵다는 것을 연방정부 스스로 인정할 수밖에 없다. 이 정책이 가지고 있는 한계를 잘 알고 있는 연방정부는 이 정책을 계속 유지할 경우 2014년에 목표 달성을 하지 못한 책임을 져야 한다.

따라서 민주당 정부인 오바마 정부가 새로 추진하고 있는 '정상을 향한 경주' 정책을 만들어 낸 이후 아동낙오방지 정책은 주정부의 책임으로 넘어가고 있다. 연방정부는 주정부의 책임하에 이 정책을 추진할 수 있도록 주정부가 주도적으로 계획을 세워서 추진하려는 내용을 확인하고 인증해 줌으로써 책임과 역할을 주정부로 넘기고 있다. 2012년 6월 현재 50개 주 중에서 32개의 주정부가 이 정책을 주 차원에서 추진하도록 연방정부의 허락을 받았다. 이 중 8개 주는 조건부이며, 계속적인 지도를 받으며 완전히 넘겨받을 예정이다.

3. '정상을 향한 경주' 정책

세 번째로 도입한 연방정부의 교육개혁 정책은 '정상을 향한 경주(Race to the Top)' 정책이다. '정상을 향한 경주' 정책의 기본적인 목적은 미국이 앞으로 계속해서 국제사회에서 선도적인 위치를 유지하기 위해 모든 학생이 최소한 2년 이상의 고등교육을 받을 수 있도록 하는 것이다. 이를 성취하기 위해 학생들의 학업성취도를 중요하게 고려하여 고등학교 단계에서의 중도 탈락률을 낮추고, 대학 진학률을 올리는 방향으로 나아가야 한다.

오바마 정부가 2009년 발표하여 2010년부터 시작한 이 '정상을 향한 경주' 프로그램은, ① 학생의 학력평가와 연계한 교사와 교장 평가의 도입, ② 전국 공통 교육과정의 도입, ③ 협약학교(charter schools) 허용 상한선 폐지, ④ 최저학력 학교의 호전, ⑤ 데이터 체제의 구축 등을 구체적인 목표로 하고 있다. 중요한 것은 상금의 규모로, 총 43.5억 달러다. 2010년에 수상한 테네시 주는 5억 달러, 델라웨어 주는 1억 달러를 받았다.

2011년에는 7억 달러를 받은 뉴욕 주를 비롯하여 10개 주에서 수상했다. 뉴욕 주는 주정부와 지방정부가 평가하는 학생의 학업 성취도와 학부모 여론조사 등을 반영하여 교사와 교장을 평가하기로 하였으며, 뉴욕 시는 전국 공통 교육과정을 100개의 고등학교에서 시범 운영하기로 하였다. 현재 전국 공통 교육과정은 보스턴, 클리블랜드, 필라델피아 등 일부 대도시에서만 실시되고 있다. 학생의 학업성취도와 연계하여 교사를 평가하기 때문에 앞으로 이러한 교사평가 결과를 교사 감원 시에 반영할 것으로 예상된다. 그러므로 그동안 대부분의 주에서 교사를 감원할 때 나중에 들어온 교사를 먼저 내보내는 '후입선출제도(Last In, First Out)'가 뉴욕 주에서 폐지될 것으로 예상된다.

캘리포니아 주는 수상하지 못했지만, 프로그램에 지원하기 위해 몇 가지 개혁적인 입법을 하였다. 예를 들면, 성적이 나쁜 1,000여 개의 학교에 다니는 아동에 대해 성적이 더 좋은 학교로 전학시킬 수 있는 '개방 등록제(open enrollment)'를 허용하기로 하였다. 그러나 전학을 희망하는 학생의 10% 정도밖에 실제로 전학시켜 주지 못한 뉴욕 주의 사례에서 보듯이, 이 요구들을 모두 충족시키는 데에는 현실적인 제한이 많이 존재한다는 사실을 인정할 수밖에 없다. 좀 더 강력한 법안으로는 학부모의 절반 이상이 서명하면 학교를 폐지하거나, 협약학교로 전환하거나, 교장을 해고할 수 있는 법안도 통과시켰다.

이와 같이 '정상을 향한 경주' 정책은 주의 교육당국을 향해 가혹한 변화를 요구하고 있다. 연방정부의 이러한 정책에 대해 교원노조는 강하게 반대하지만 재정이 약한 주정부는 연방의 지원금을 받기 위해 그리고 주의회는 학부모의 요구를 수용하기 위해 개혁적인 입법을 서두르고 있다.

제5장에서 다룬 기술융합을 통한 국가혁신전략 중 교육 부문은 대부분 오바마 정부의 '정상을 향한 경주' 정책에 담겨 있다. 오바마 정부가 2011년 2월에 발표한 '경제성장과 번영을 보장하기 위한 국가혁신전략(A Strategy for American Innovation: Securing Our Economic Growth and Prosperity)'은 [그림 7-1]과 같다.

교육과 관련하여 이 보고서에서 주목해야 할 부분은 '21세기형 기량을 갖춘 차세대 교육과 세계 수준의 노동인력 창출'을 미국이 혁신을 위해 투자해야 할 구성요소의 첫 번째로 제시하고 있다는 점이다. 대통령이 교육을 가장 중요하게 생각하고 투자하겠다는 의지를 표현한 것으로 볼 수 있다. 그리고 이러한 투자가 궁극적으로는 '교육 기술의 비약적인 발전 촉진'을 가져오도록 함으로써 국가적 현안 대응 면에서 획기적 진전을 가져오도록 하겠다는 것이다.

[그림 7-1]에서 보여 주듯이, 아래로부터 미국형 혁신의 구성요소에 투자한 것이 위로 올라가서 국가적 현안 대응, 즉 지속 가능한 성장과 양질의 일자리 창출로 이어진다. 이것은 아래로 영향을 주어 다시 혁신의 구성요소에 투자하도록 하는 선순환 과정을 이루며 발전하는 순환회로(circulation loop)의 구조를 보이고 있다.

여기서 중요한 것은 가운데 부분, 즉 시장에 기초한 혁신 촉진이라는 것이다. 교육, 기초 연구, 물적 인프라, 첨단 IT 등 혁신의 구성요소에 대한 정부의 투자가 시장에 영향을 주어 먼저 시장의 변화를 유도하고, 이 시장의 혁신적인 변화가 바로 국가가 필요로

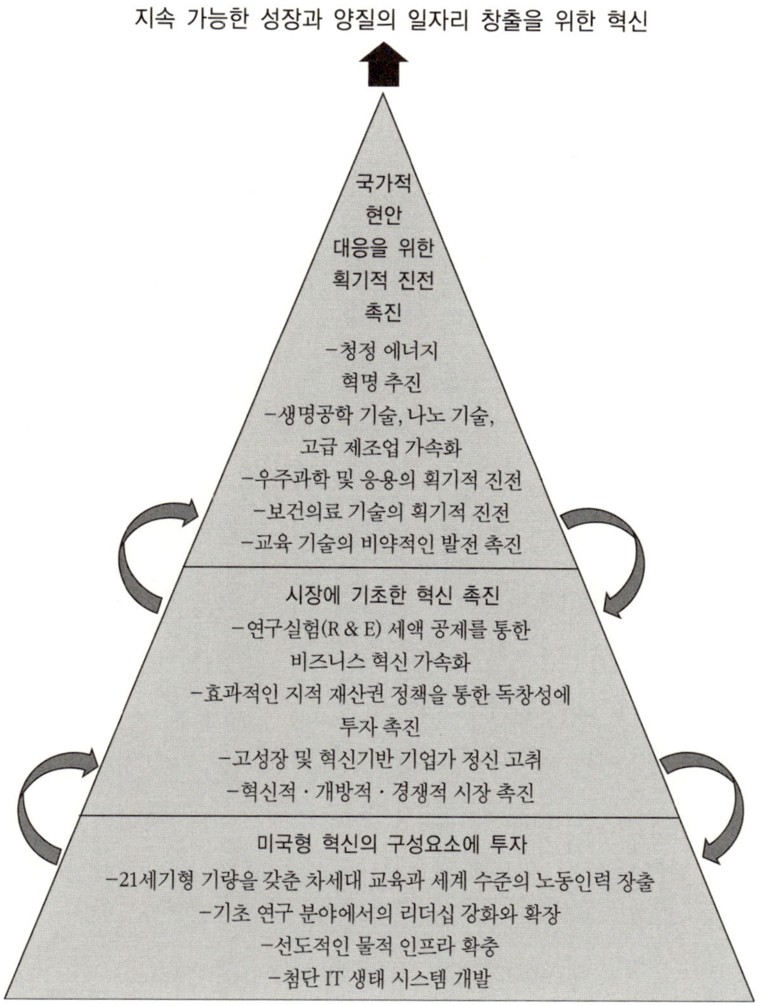

[그림 7-1] 경제성장과 번영을 보장하기 위한 국가혁신 전략

출처: OSTP (2011).

하는 혁신을 촉진하도록 한다는 혁신전략이다. 이 과정에서 교육이 매우 중요한 투자 대상이면서 발전 대상이라는 인식이다. 미국의 오바마 정부가 교육 발전을 위해 구체적으로 실천하고 있는 정책으로 다음의 일곱 가지를 들 수 있다.

첫째, 21세기에 맞는 지식과 기량을 갖춘 인재를 기르기 위해 50개 주의 신청을 받아 교육개혁을 잘한 주에게 큰 규모의 재정을 지원해 주는 '교실에서의 일등을 향한 경주(Race to the Top in America's Classroom)' 프로그램이다.

둘째, 대학 졸업자의 비율을 세계 1위 수준으로 회복하는 정책, 그리고 이와 관련하여 2년제 전문대학(community college)을 지원하여 많은 학생이 고등교육을 받도록 하는 정책이다.

셋째, NBIC 등 기술융합을 위해 초·중등학교에서 STEM(Science, Technology, Engeneering, & Mathematics) 교육을 강화하는 정책, 그리고 이와 관련하여 과학, 공학 분야 대학원생에게 주는 연구 장학금을 3배로 늘리는 정책이다.

넷째, 외국의 과학자, 기술자 등 첨단기술 관계자들이 용이하게 입국 비자를 발급받을 수 있도록 발급 과정을 개선하는 정책이다.

다섯째, 대학생을 위한 세계 최고급 온라인 교육과정을 설계하는 정책이다.

여섯째, 개인교사처럼 친근하게 지도해 주는 교육용 소프트웨어를 개발하는 정책이다.

일곱째, 사용자가 상호작용할 수 있는 방대한 규모의 디지털 도서관을 설치하는 정책이다.

이와 같은 정책들은 우리나라에서는 중앙정부가 당연히 해야 하는 일이기 때문에 이상한 일이 아니다. 그러나 미국은 그동안 각 주가 주도적으로 하고 있는 교육에 대해 연방정부가 이와 같이 구체적으로 개입하지 않았기 때문에 연방정부의 이러한 정책은 매우 이례적인 일이며, 연방정부의 새로운 역할 변화로 볼 수 있다.

특히 연방정부가 메사추세츠 공과대학교, 하버드 대학교, 스탠퍼드 대학교 등이 주도적으로 하고 있는 온라인 교육과정(Open Courseware: OCW)에 관심을 가지고, 개인용 학습 소프트웨어의 개발과, 상호작용할 수 있는 디지털 도서관을 설치하겠다는 생각은 미국 내뿐만 아니라 전 세계를 대상으로 생각하고 계획하는 일이기 때문에 그 파급 효과가 매우 클 것으로 볼 수 있다. 따라서 이와 관련된 우리나라의 국가적인 대응이 필요하다.

4. 사회정서학습

미국 사회에서 학교교육에 대한 관심은, 앞서 살펴본 연방정부의 「아동낙오방지법」과 '정상을 향한 경주' 정책에 잘 나타나 있듯이, 학생들의 학업성취에 있다. 연방정부의 학업성취에 대한 높은 관심과는 달리 민간 수준에서는 학생들의 사회정서적 능력의 발달에 더 많은 관심을 보이고 있다. 많은 사회정서학습 프로그램 중 대표적인 것으로 학업 · 사회정서학습(Collaborative for Academic, Social and Emotional Learning: CASEL)이 있다.

일리노이 대학교 시카고 캠퍼스의 와이즈버그(Weissberg) 심리학 교수가 1990년대 중반부터 시작한 이 프로그램은 이제 미국 내에서뿐만 아니라 국외로까지 소개되어 1,000여 개 이상의 학교가 도입·운영하고 있다. 특히 싱가포르에서는 거의 모든 초등학교가 이 프로그램을 운영하고 있을 정도로 그 효과를 인정받고 있다. 이 프로그램이 가지고 있는 기본 가정은 만약 학생들이 공부를 잘하기를 원한다면 사회정서학습부터 해야 한다는 것이다.

더랙 등(Durlak et al., 2011)의 연구에 따르면, 사회정서학습 프로그램을 경험한 학생 27만여 명(유치원부터 고등학교까지 213개 교육기관 참여)은 ① 사회정서적 기술의 향상(23%), ② 자신과 다른 사람 그리고 학교에 대한 긍정적 태도 향상(9%), ③ 친사회적인 행동 향상(9%), ④ 문제행동 감소(9%), ⑤ 정신적 고통 감소(10%), ⑥ 수학과 읽기 시험 향상(11%)을 보였다고 보고하고 있다.

이 연구의 결론은 사회정서적으로 안정된 학생이 공부를 더 잘한다는 것이다. 그러므로 학교에서 사회정서학습을 기존의 교과목 속에서 하든지 아니면 별도의 프로그램을 만들어 학생들에게 학습할 수 있는 기회를 제공하는 것을 권하고 있다. 기존의 학업과 사회정서학습이 서로 잘 연계되는 것을 목적으로 하는 CASEL 프로그램은 [그림 7-2]와 같이 자기인식, 자기관리, 사회적 인식, 대인관계 기술, 그리고 책임 있는 의사결정 등 5개의 능력으로 구성되어 있다.

자기인식은 자신의 감정과 가치, 강점과 한계를 인식하는 능력을 말한다. 자기관리는 자신의 목표를 성취하기 위해 감정과 행동을 관리하는 능력을 말한다. 사회적 인식은 다른 사람을 이해하고 공감을 보이는 능력을 말한다. 대인관계 기술은 다른 사람과 긍정

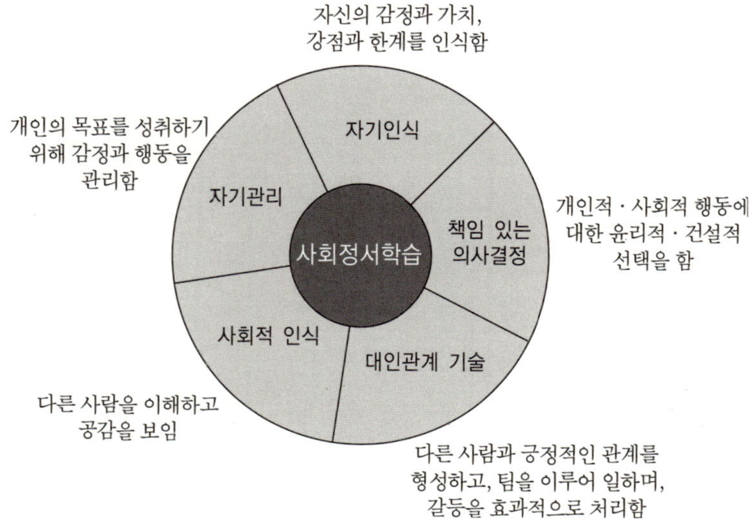

[그림 7-2] 학업 · 사회정서학습(CASEL) 프로그램의 사회정서 능력 구성도

출처: CASEL. www.casel.org.

적인 관계를 형성하고, 팀을 이루어 일하며, 갈등을 효과적으로 처리하는 능력을 말한다. 그리고 책임 있는 의사결정은 개인적 · 사회적 행동에 대한 윤리적 · 건설적 선택을 하는 능력을 말한다.

CASEL 프로그램은 [그림 7-3]과 같이 효과적인 학습 환경이 갖추어진 곳에서 실시하면 더욱 효과적이다. 효과적인 학습 환경이란 안전하고, 보살피고, 잘 관리되고, 주의를 끌고, 지원적이고, 교사의 기대가 높은 학교 환경을 의미한다. 이런 학교 환경에서 이 프로그램을 실시하면, 단기적으로는 학생들이 학교에 더 많이 밀착되고, 더 많이 참여하며, 더 많이 헌신하도록 한다. 그런 다음 덜 위험한 행동을 하도록 하며, 더 긍정적인 발달을 가져 오게 한다. 이러한 단기적인 성과는 장기적으로 학생들에게 학교와 직장 그

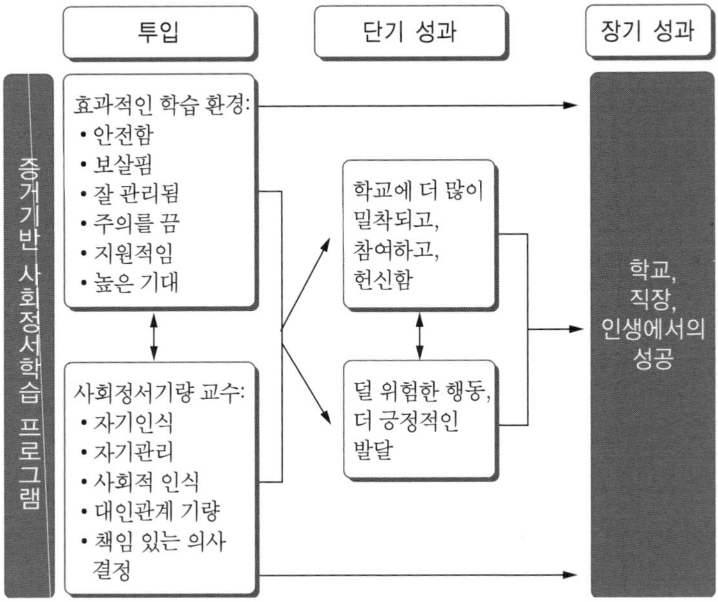

[그림 7-3] 학업 · 사회정서학습(CASEL) 프로그램의 단기적 · 장기적 성과

출처: CASEL. www.casel.org.

리고 인생의 성공을 가져온다고 보고 있다.

사회정서 교육의 필요성은 미국뿐만 아니라 대부분의 선진국이 공통적으로 공감하고 있다. 최근 우리의 학교에서도 학교폭력과 왕따, 자살 등과 같은 문제가 심각한 사회문제로 인식되고 있다. 그동안 도덕 · 윤리 교육을 실시했지만 실천하는 훈련을 하지 못해 성과를 얻지 못하고 있다. 폭력과 자살 등의 문제가 대두됨에 따라 우리 사회에는 성공만큼 행복을 중요한 가치로 생각하는 분위기가 사회적으로 형성되고 있으며, 인성교육의 중요성이 다시 강조되고 있다. 그러나 학부모와 교사, 학생은 여전히 학력지상주의를 벗어나지 못하고 있다. 따라서 미국에서의 사회정서 교육을 눈여겨 보아야 할 필요가 있다.

미국에는 CASEL 프로그램 외에 매우 많은 사회정서학습 프로그램이 있다. 미국에서 어떤 교육을 어떻게 실행하는 것이 효과적이었는지를 살펴보아야 한다. 대표적인 프로그램으로는 '보살피는 학교공동체(Caring School Community: CSC)' '나는 문제를 해결할 수 있다(I Can Problem Solve: ICPS)' '대안적 사고전략 장려(Promoting Alternative Thinking Strategies: PATHS)' '건강한 어린이 양성(Raising Healthy Children: RHC)' '사회적 의사결정/사회적 문제해결(Social Decision Making/Social Problem Solving: SDM/SPS)' 등이 있다. 이 프로그램들은 대부분 비교적 오랫동안 학교교육 현장에 도입되어 활용되고 있으며, 효과가 검증된 프로그램들이다.

5. 학습지표 개발

세계은행은 2010년에 발표한 「세계은행 교육전략 2020(World Bank Education Strategy 2020)」(2010)에서 '만인을 위한 학습(Learning for All)'을 내세우고 있다. 그동안 유네스코를 중심으로 강조해 온 '만인을 위한 교육(Education for All)'은 이제 '학습'을 강조하는 방향으로 바뀌고 있다.

21세기 교육에서의 가장 큰 변화는 그동안 교사 중심의 교육으로부터 학생 중심의 학습으로 무게중심이 이동하고 있는 것이다. 트릴링과 파델(Trilling & Fadel, 2010)은 교사와 학생 간에 새로운 균형이 필요함을 이야기하고 있다([그림 7-4] 참조). 이들은 학교교

교사 중심(teacher-directed)	학습자 중심(learner-centered)
주입식(direct instruction)	상호 교환(interactive exchange)
지식(knowledge)	능력(skills)
내용(content)	과정(process)
기초 능력(basic skills)	응용 능력(applied skills)
사실과 원칙(facts and principles)	질문과 문제(questions and problems)
이론(theory)	실천(practice)
교육과정(curriculum)	과제(projects)
시간 제한(time-slotted)	필요 시간 사용(on-demand)
획일적(one-size-fits-all)	개별화(personalized)
경쟁적(competitive)	협력적(collaborative)
교실(classroom)	범지구적 공동체(global community)
교재-기반(text-based)	웹-기반(web-based)
총괄 평가(summative tests)	형성 평가(formative evaluations)
학교를 위한 학습(learning for school)	생활을 위한 학습(learning for life)

새로운 균형

[그림 7-4] 교사 중심 교육과 학생 중심 학습의 균형

출처: Trilling & Fadel (2011).

육의 모든 면에서 교사와 학생 간에 적절한 균형을 이룬 교육과 학습이 필요함을 보여 주고 있다.

학습의 중요성이 증가함에 따라 브룩킹즈연구소의 평생학습연구센터(Center for Lifelong Learning in Brookings Institute)와 유네스코 통계연구소(UNESCO Institute for Statistics, 몬트리올, 퀘벡, 캐나다 소재)는 공동으로 학습지표(Learning Metrics)를 개발하고자 한다. 두 연구기관은 학습 영역을 신체적 웰빙, 사회정서, 문화/예술, 문해/소통, 학습방식/인지, 수리/수학 그리고 과학/기술의 7개 분야로

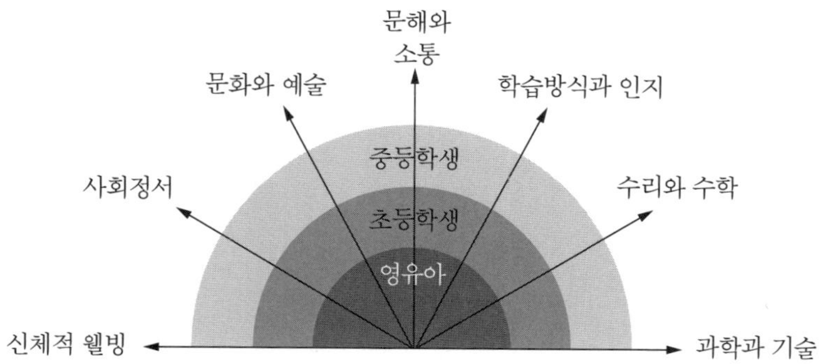

[그림 7-5] 학습지표 구성도

출처: UNESCO & Brookings (2013).

나누고, 각 분야별 학습의 정도를 영유아, 초등, 중등 교육의 3단계에서 확인해 나가려고 한다([그림 7-5] 참조).

[그림 7-5]는 매우 잘 정리된 학습 매트릭스다. 많은 전문가들이 동원되어 향후 영유아와 학생들이 성장 · 발달하는 과정에서 중요한 학습지표들을 총망라해서 보여 주고 있다. 브룩킹즈연구소의 평생학습연구센터와 유네스코 통계연구소는 이를 바탕으로 현재 이 7개 분야에 들어 갈 주요 지표를 〈표 7-1〉과 같이 잠정적으로 제시하고 있다.

〈표 7-1〉에서 보여 주듯이, 7개 분야 중 문해, 수학 그리고 과학은 현재 국제수학 · 과학성취도연구(Trends in International Mathematics and Science Study: TIMSS)와 국제학업성취도평가(Program for International Student Assessment: PISA)에서 측정하고 있기 때문에 중등 수준에서 사용할 수 있는 자료가 있다. 그러나 나머지 분야, 즉 신체적 웰빙, 사회정서, 문화/예술, 소통, 학습방

〈표 7-1〉 일곱 가지 분야별 학습지표

	신체적 웰빙	사회정서	문화/예술	문해/소통	학습방식/인지	수리/수학	과학/기술
유아	• 신체적 건강과 영양 • 건강 지식과 실천 • 안전 지식과 실천 • 전신적이고 좋은 지각운동	• 자기조절 • 감정 인식 • 자아개념과 효능감 • 공감 • 사회적 관계와 행동 • 갈등 해결 • 도덕적 가치	• 창조적 예술 • 자신과 지역사회 정체감 • 다양성 인식과 존중	• 수용적 언어 • 표현적 언어 • 어휘 • 인쇄물 인식	• 호기심과 관여 • 끈기와 주의집중 • 자율성과 주도성 • 협동 • 추리력과 문제해결 • 조기 비판적 사고기술 • 상징적 표현	• 수적 감각과 사용 • 공간 감각과 기하 • 유형과 분류 • 측정과 비교	• 탐구 기술 • 자연과 물질세계 인식 • 기술 인식
초등	• 신체적 건강과 위생 • 음식과 영양 • 신체활동 • 성적 건강	• 사회와 지역사회 가치 • 시민 가치 • 정신건강과 웰빙	• 창조적 예술 • 문화적 지식	• 말의 유창성 • 말의 이해력 • 읽기 유창성 • 읽기 이해력 • 수용적 어휘 • 표현적 어휘 • 쓰기 표현/ 작문	• 끈기와 주의집중 • 협동 • 자율성 • 지식 • 이해력 • 응용력 • 비판적 사고	• 수 개념과 사용 • 기하와 유형 • 수학응용	• 과학적 탐구 • 생명과학 • 자연과학 • 지구과학 • 디지털기술의 이해와 사용
낮은 중등	• 건강과 위생 • 성적 · 생식적 건강 • 병과 질병 예방	• 사회 인식 • 지도성 • 시민 참여 • 자신/타인에 대한 긍정적 견해 • 회복력/ 담력 • 도덕적 · 윤리적 가치 • 사회과학	• 창조적 예술 • 문화 연구	• 말하기와 듣기 • 쓰기 • 읽기	• 공동 작업 • 자기결정 • 학습 지향성 • 끈기 • 문제해결 • 비판적 의사결정 • 융통성 • 창의성	• 수 • 대수 • 기하 • 일상적 계산 • 사적 재무 • 정보 보유 소비자 • 데이터와 통계	• 생물학 • 화학 • 물리학 • 지구과학 • 과학적 접근 방식 • 환경 인식 • 디지털 학습

출처: UNESCO & Brookings (2013).

식/인지 그리고 기술 분야는 매우 중요하고 필요한 분야이지만 기존의 자료가 없다. 특히 유아기와 초등학생 수준의 학습지표는 아직 자료가 존재하지 않는다.

그러므로 이 분야들과 연령 수준에 대해 새롭게 학습의 정도를 측정할 수 있는 지표를 개발해야 한다. 그리고 이 학습지표에 따른 자료를 수합해 나가야 한다. 장기적인 계획을 가지고 이 지표들을 개발하고, 자료를 수집해 나가야 하며, 이 과정에서 국제사회의 이해와 협조가 필요하다. 우리나라는 이 프로젝트 개발 초기부터 참여하고 있으므로 지표 개발 과정에서 전문성을 발휘하여 적극적으로 지표 개발과 자료 확보에 기여해 나갈 것으로 기대한다.

| 글로벌 시대의 교육 | **제3부**

미래 교육의 방향과 과제

3

제 8 장

미래 교육정책의 방향과 전략

1. 교육 운영의 기본 가치와 전제

우리나라는 2009년을 기점으로 그동안 도움을 받던 나라에서 도움을 주는 나라로 발전하였다. 지금까지는 선진국을 따라가는 추격 경제적인 입장에서 이제 다른 나라를 이끄는 선도 경제체제로 진입하고 있다. 그동안 우리 산업이 모방 경제적인 운영체제였다면 이제 창조 경제적인 운영체제로 발전해 나가야 한다. 그렇게 하기 위해서는 가장 먼저 우리의 2세들을 이러한 새로운 시스템에 맞는 인재로 키워 나가야 한다.

정부는 학생이 희망을 가지고 미래를 설계하고, 자신의 소질과 재능을 마음껏 발휘할 수 있도록 하자는 취지에서 꿈과 끼를 살리는 교육을 목표로 하고 있다. 정부가 가지고 있는 국정 철학과 더불어 교육 운영의 기본 가치는 다음과 같다. 첫째, 기본적으로 국가 운영의 틀을 존중해야 한다. 국가가 중요하게 생각하는 가치는 교육 운영에도 그대로 반영되어야 한다. 우리나라는 「헌법」을 통해 '자유'와 '민주'를 가장 중요한 가치로 대내외에 밝히고 있다. 그러므로 교육 운영은 자유와 민주를 기본 가치로 하고 있다.

둘째, 이제 우리는 선진국의 입장에서 국제사회와 함께하거나 국제사회를 선도하기 위한 가치를 존중해야 한다. 선진국은 국제사회에서 통용되는 세계적인 기준인 '자율'과 '개방'의 가치를 존중한다. 우리는 그동안 우리 사회가 개발도상국 시기에 가졌던 국가 주도의 타율적·비개방적인 생각과 관행을 넘어서야 한다. 생각과 관행을 바꾸는 것은 쉬운 것이 아니지만, 생각과 관행을 바꾸지 않는다면 선진국이 될 수 있는 방법은 없다.

셋째, 교육 운영은 미성숙한 인간을 대상으로 하는 특수성을 고려해야 한다. 인간은 전인적인 특성을 가지기 때문에 '포괄적으로 접근'해야 한다. 그동안 경제나 사회 발전을 위한 수단적인 인간상과 같은, 어떤 시대의 요구를 충족하기 위한 생각을 가지고 교육운영 문제를 접근하는 것은 한계가 있기 때문이다. 또한 그동안 경제와 사회 발전을 위해 사람이 담당했던 역할은 앞으로는 점점 더 발전하고 있는 기계가 대신해 주는 부분이 늘어날 것으로 예상되기 때문이다. 궁극적으로는 경제나 사회 발전에 기여하는 인간상을 넘어서서 인간 그 자체로서 하나의 완성된 온전한 인간을 목표로 정책을 세워 나가야 한다. 따라서 앞으로 인성의 가치나 의미는 그만큼 더 중요해질 것이다.

넷째, 교육 운영은 교육이라는 특수성을 고려해야 한다. 교육은 갑자기 이루어지는 것이 아니고, 비교적 긴 시간을 필요로 한다. 따라서 교육정책도 충분한 논의와 준비를 거쳐 '점진적으로 접근'을 해야 한다. 그동안 우리 사회는 선진국을 따라잡기 위해 모든 일을 빨리 처리하는 것을 중요하게 생각해 왔다. 이제는 시간을 가지고 토론하고 의논해서 먼저 방향을 잘 잡고, 실천해 나가야 할 것이다.

2. 인간의 능력 발달과정을 고려한 중요도 우선순위

이 장과 제9, 10장에서는 인간의 능력 발달과정을 자세하게 검토할 예정이다. 아동 · 청소년의 발달과정을 고려하여 가정과 학교 그리고 사회에서 학교급별로 중요하게 생각해야 할 능력은 사회적 · 정서적 · 도덕적 능력, 신체적 능력, 지적 능력 등이다(〈표 8-1〉 참조).

먼저, 0~4세와 유 · 초등학교 단계에서는 사회적 · 정서적 · 도덕적 능력 발달을 가장 중요하게 고려하고, 다음으로 신체적 능력, 지적 능력 순으로 하는 것이 바람직하다. 0~4세와 유 · 초등학교 시기는 일생에서 가장 중요한 때다. 즉, 모든 사회적 · 정서적 기본이 갖추어지는 시기다. 이 시기에는 당연히 모든 노력을 사회정서 능력의 함양에 두어야 한다. 현재 우리 사회는 이 시기에 남

〈표 8-1〉 인간의 능력발달 과정을 고려한 학교급별 중요도 우선순위

	사회적 · 정서적 · 도덕적 능력	신체적 능력	지적 능력
0~4세, 유 · 초등학교	1	2	3
중 · 고등학교	3	1	2
대학교	2	3	1

보다 빠른 지적 발달을 가져오려는 부모의 욕심과 상업적으로 이를 부추기는 분위기가 있으나, 이는 바람직하지 않다. 이 시기의 아동은 마음껏 뛰놀면서 감정과 정서가 발달해야 하는 시기다.

이 시기에는 제2장의 [그림 2-1]과 같이 좋아하는 마음, 관심, 흥미, 자신감, 긍정, 자율, 탐구, 도전, 감사, 부모형제와 지역사회를 사랑하고, 애국심이 강하게 마음속에 자리 잡도록 해 주어야 한다. 예를 들어, 초등교육에서는 자신과 가까운 주변 사람과 자신이 살고 있는 지역사회를 사랑하는 마음을 기르는 감성 학습이 중요하다. 자신과 가족을 사랑하는 마음이 애향심으로 나아가고, 이것이 애국심으로 연결되도록 해야 한다. 제6장에서 살펴본 싱가포르 초 · 중등교육의 목표를 보면 이와 같은 목표가 분명하게 제시되어 있다.

중 · 고등학교 단계에서는 신체적 능력을 가장 중요하게 생각하고, 다음은 지적 능력, 그리고 사회적 · 정서적 · 도덕적 능력 순이 바람직하다. 이 시기는 일생을 통해 온갖 일을 감당할 수 있는 건강한 몸을 만드는 때다. 학교에서는 당연히 신체적인 능력을 키우는 방향으로 교육과정을 운영하는 것이 바람직하다.

청소년들은 이 시기에 신체적으로 잘 발달된 동성과 이성 친구

들을 좋아하며, 학교에서도 이런 신체적인 능력을 보여 주는 친구들이 주목을 받는다. 중등교육에서는 건강, 체육, 단체 경기를 통해 규칙을 지키고, 사회질서와 민주주의, 시민성과 글로벌 의식 등을 갖게 함으로써 질서를 지키면서 함께 살아가는 사회성과 도덕성이 발달하도록 해야 한다.

대학교에서는 지적 능력, 사회적 · 정서적 · 도덕적 능력, 그리고 신체적 능력 순이 바람직하다. 이 시기는 자신이 사회에 나가서 하고 싶은 일과 전공에 관련된 깊이 있는 공부를 해 나가는 때다. 그러므로 이 시기에는 공부에 전념해야 한다. 하지만 우리나라 대학생은 취업을 위한 공부를 하거나 아예 공부를 하지 않는 경향이 있다. 일찍이 초 · 중등학교 기간 동안 공부에 지쳐 버렸기 때문이다.

학부모와 교사는 보다 긴 안목으로 청소년들의 성장과 발달을 생각하고, 이에 적합한 교육과 학습이 이루어지도록 해야 한다. 전통적으로 동아시아 국가에는 '지-덕-체'의 순으로 '지'를 중요하게 생각해 왔다. 그러나 21세기에는 '덕'이 중요한 시대가 오고 있음을 잘 이해하고, 교육의 중요성이 '덕-체-지'의 순으로 변화해 나가야 하는 시대적인 변화를 수용할 필요가 있다.

3. 교육 운영의 발전 방향과 전략, 정책

교육 운영의 기본 가치와 전제, 그리고 아동 · 청소년의 발달과정을 고려하여 전체적으로 글로벌 시대에 적합한 교육운영의 방향과 전략, 그리고 정책을 전망해 보면 〈표 8-2〉와 같다. 교육 운영의 기본 방향은 세계적인 기준을 고려하고, 전통문화와 규범 등 국내적인 특성을 고려하는 방향으로 생각할 수 있다.

〈표 8-2〉 교육 운영의 방향, 전략 및 정책

방향	전략	정책
세계적인 기준을 고려하고, 전통문화와 규범 등 국내적인 특성을 고려한다.	국제사회에서 글로벌 파트너십을 발휘한다.	• 국제적인 소통을 불편 없이 할 수 있도록 9월 신학기제를 도입한다. • 겨울방학 기간을 줄이고 여름방학 기간을 늘린다. • 교육 국제화 특구와 같은 제도를 활성화하여 교육 서비스 시장의 개방에 대응한다. • 대학교육의 국제화에 대비하기 위하여 온라인 콘텐츠 개발과 전달 체제를 구축한다. • 내국인과 외국인을 막론하고 국내외 고급 인력에 대한 우대 정책을 펼친다.
	지식중심 교육에서부터 역량중심 학습으로 전환한다.	• 역량중심 교육과정을 개발한다. • 교과목 또는 학습 영역별 교육 내용을 재검토하여 개선한다. • 교과목을 통합적 · 융합적으로 운영한다. • 과제-기반 학습을 실시한다. • 질적 평가를 도입한다.
	더불어 살기 위한 학습을 강화한다.	• 늘어나는 다문화가정과 결손가정 학생의 교육을 위해 기숙학교를 확대한다. • 제2외국어 교육을 확대한다.
	전통적이면서 국제적인 추세에 맞게 인성교육을 재구조화하여 시행한다.	• 인성 발달을 위해 예술과 체육 교육을 강화한다.

	창조적인 생활과 경제활동을 위해 고차원의 사고능력을 개발한다.	• 고차원의 사고력 개발 훈련을 강화한다. • 창의성 발달을 위해 예술 교육을 강화한다.
	학습과정의 과학적인 연구를 위해 인지과학의 발전을 촉진한다.	• 학습과정과 관련된 뇌 연구를 강화한다. • 스마트 교육환경 조성을 위해 인공지능 연구를 강화한다.
	가정과 사회 전체가 평생교육하는 시스템을 구축한다.	• 초등학교부터 학생들이 사회로부터 격리되지 않고 연계될 수 있도록 현장 견학 프로그램 등을 늘린다.
	민간의 자율적인 교육 운영 노력을 지원한다.	• 기업의 직원 복지 향상을 위한 사립학교의 설립과 운영을 허용한다. • 사립대학이 한계 사립(전문)대학을 통폐합하거나 인수 합병할 수 있는 길을 열어 준다.

1) 국제사회에서 글로벌 파트너십을 발휘한다

현재 우리나라는 선진국에 진입하고 있고, 우리 국민은 수시로 해외에 있는 친지를 방문하기도 하며, 관광, 여행, 유학, 취업 등으로 해외에 나갈 수 있는 기회가 늘어나고 있다. 우리는 국내에서는 한국 국민으로서 살아가야 하지만 국제사회에 나가면 세계 시민으로 살아가야 하므로 세계시민의식(global citizenship)을 갖추어야 한다.

현재는 훌륭한 리더를 원하는 시대가 아니라 좋은 협력자를 원하는 시대다. 그러므로 좋은 파트너십이 좋은 리더십이 된다. 즉, 좋은 협력자처럼 믿고 일할 수 있도록 하는 리더십이 좋은 리더십이다. 아프리카 국가들은 한국의 도움을 필요로 한다. 현재 중국이 이들을 많이 돕고 있지만 중국의 물량 공세와 인적 공세에 대해서는 위협을 느끼고 있다. 그러므로 한국은 우정(friendship)과 동업자 정신(business partnership)으로 아프리카 국가들을 도와야 한다.

우리도 얼마 전까지 개발도상국의 위치에 있었기 때문에 신흥 개발도상국을 도와주고 함께 나눌 수 있는 좋은 성공 사례를 가지고 있다. 예를 들면, 새마을교육은 좋은 성공 사례가 될 수 있으며, 개발도상국가들도 이를 매우 반긴다. 개발도상국과 함께 나누기에는 이보다 더 좋은 자원을 찾아보기 어렵다. 그러므로 세계 시민으로서 요구되는 자질과 덕목을 갖추기 위해 다음과 같은 교육 운영의 변화를 고려해야 한다.

- 국제적인 소통을 불편 없이 할 수 있도록 9월 신학기제를 도입한다.

우리가 세계적인 협력자가 되기 위해서는 국제적인 소통이 매우 중요하다. 지금은 전 세계가 하루 24시간 실시간으로 소통하는 시대다. 갈수록 국가 간 인구 이동이 늘어나는 추세를 감안하면, 교육 면에서는 국제적으로 소통하는 데 불편이나 불이익이 발생하지 않도록 학제를 운영해야 한다. 그러나 3월에 시작하는 국내 학제와 9월에 시작하는 국제적인 학제상의 차이로 학생들이 외국에 나갈 때와 다시 국내로 들어올 때 각각 반 년씩 1년 정도의 손해를 본다. 외국인 학생 역시 우리나라에 들어올 때와 나갈 때 각각 반 년씩 손해를 본다. 따라서 우수한 외국인 학생이 시간적인 손실을 감수하고 우리나라에서 교육받는 것을 선택한다고 보기 어렵다. 호환성이 없는 컴퓨터 하드웨어와 소프트웨어는 시장에서 자동적으로 소멸한다.

현재 세계 국가의 70%가 위치하고 있으며, 대부분의 좋은 대학과 학교가 있는 북반구의 국가 중 한국과 일본만 각각 3월과 4월 신학기제를 운영하고 있다. 일본의 동경대학은 2017년부터 9월 신학기제를 도입할 예정이기 때문에 일본도 9월 신학기제로 바뀔 것이다. 그러므로 신학기를 3월에서 9월로 바꾸어 우리 학생과 외국 학생이 국제적으로 이동할 때 시간적인 손실이 나지 않도록 해야 한다.

• 겨울방학 기간을 줄이고 여름방학 기간을 늘린다.

현재 우리나라는 겨울방학이 너무 길고 이를 유용하게 활용하지 못하는 경향이 있다. 9월 신학기제도가 도입되면 겨울방학 기간을 대폭 줄여 2주 정도로 하는 것이 좋다. 과거에 겨울방학을 길게 한 이유는 학교에 난방 시스템이 없었기 때문이다. 그러나 현재 난방 시스템이 잘 갖추어져 있기 때문에 겨울방학을 길게 할 이유가 없어졌다. 대신 여름방학을 4개월 정도로 늘리면 초·중등 학생들은 여행 등을 하면서 비교적 긴 시간 동안 국내 및 국제사회를 충분히 경험할 수 있게 된다.

대학생들도 여행, 아르바이트나 인턴 등을 하며 사회를 경험하면서 진로를 알아볼 수 있는 기회와 졸업 후 취업과 연결될 수 있는 기회를 충분히 갖게 된다. 모든 학교가 냉방 시스템을 운영하고 있는데 여름방학이 길면 여름철 전력 소비도 줄일 수 있기 때문에 전력이 부족한 우리나라에서 학교가 국가의 전력 소비 절약 정책에 적극 협조하는 방향으로 나아갈 수도 있다.

- 교육 국제화 특구와 같은 제도를 활성화하여 교육 서비스 시장의 개방에 대응한다.

향후 교육 서비스 시장의 개방에 대비하여 2012년 교육 국제화 특구가 전국적으로 3개 지역에 지정되었다. 앞으로 교육 국제화 특구가 제 역할을 할 수 있도록 관심을 가지고 재정적인 지원을 해 나가야 한다.

- 대학교육의 국제화에 대비하기 위해 온라인 콘텐츠 개발과 전달 체제를 구축한다.

앞으로 국제화가 빠르게 진전될 분야는 고등교육 분야다. 향후 고등교육은 좋은 온라인 콘텐츠가 보편화되면서 매우 중요한 역할을 하게 될 것이다. 대학과 정부는 좋은 콘텐츠의 개발과 국제적인 전달 체제(delivery system)를 함께 개발 · 구축해 나가야 한다.

- 내국인과 외국인을 막론하고 국내외 고급 인력에 대한 우대 정책을 펼친다.

향후 선진국 간에는 고급 인재 유치를 위한 상호 경쟁이 가속화될 수밖에 없으므로 국내외 고급 인재에 대한 우대 정책을 개발할 필요가 있다.

2) 지식중심 교육에서 역량중심 학습으로 전환한다

선진국 중 뉴질랜드, 호주, 캐나다, 싱가포르 등의 국가들은 2003년 OECD가 제안한 핵심역량 중심 교육과정을 만들어 지식교육을 넘어서서 역량중심 교육을 실시하려고 노력하고 있다. 우리 교육이 역량중심 교육으로 나아가는 과정에서 제6장에서 제시한 뉴질랜드와 싱가포르의 교육과정 등을 참고해 볼 필요가 있다.

OECD는 2015년 PISA에 온라인상에서 협력하여 문제를 해결하는 능력을 측정하는 프로그램을 개발 중에 있다. 앞으로 다수의 선진국이 역량중심 교육의 방향으로 나아갈 것이다. 지식중심 교육을 역량중심 교육으로 전환하는 일은 다음과 같은 제도적인 큰 변화를 필요로 한다.

• 역량중심 교육과정을 개발한다.

미래 사회에 필요한 역량을 고려하여 교수와 학습의 목표로 하고, 이 목표를 달성하기 위해 현재의 교과목을 어떻게 재구성할지를 검토하여 학습 영역을 재설정한다.

• 교과목 또는 학습 영역별 교육 내용을 재검토하여 개선한다.

교과목별로 교육 내용을 시대에 맞게 재검토해야 한다. 예를 들면, 수학은 사회적인 변화의 양상이 종래의 점증적인 변화가 아니라 반도체 메모리 용량의 발전과 인터넷상에서 정보가 확산되는 양과 속도가 기하급수적으로 변화(exponential change)하는 경우가 많아지고 있다. 수학 과목에서 기하급수적 변화를 중요하게 다루고, 측정과 통계, 확률 등도 주요 내용으로 포함해야 한다. 또한 기술 과목에서는, 예를 들어 휴대폰과 같은 기기가 가지고 있는 첨단기술의 내용, 이를 생활에서 어떻게 활용할 수 있는지 등을 교육 내용으로 포함한다.

• 교과목을 통합적 · 융합적으로 운영한다.

자연과학과 인문학 등의 교육 내용을 종합적으로 다루는 융합교육(예: STEAM)을 실시한다. 21세기는 사회의 모든 분야에서 통합하여 점령하는(converge and conquer) 방식으로 나아가고 있다. 분야마다 경계선이 분명하던 시대는 지나고, 경계선이 분명하지 않는 시대가 오고 있다. 교육 분야도 그러한 방향으로 나아가야 한다.

• 과제–기반 학습을 실시한다.

교수–학습 방법으로 과제–기반 학습(project-based learning)을 확대한다. 지금까지 학교 현장에서 활용되고 있는 다양한 교수법 가운데 가장 효과적인 방법은 과제–기반 학습이다. 그러므로 학교에서는 과제–기반 학습 방법을 더 많이 활용하는 방향으로 나아가야 한다.

개인 과제나 집단 과제를 통해 사회성, 감성, 도덕성, 지성 등을 모두 발달시킬 수 있다. 과제를 선정할 때 전통적인 것과 국제적인 것을 모두 학습할 수 있는 주제나 문제를 선정하는 것이 바람직하다.

• 질적 평가를 도입한다.

교육평가는 양적 평가에서 질적 평가로 전환한다. 양적 평가는 산업사회에 적합한 평가 방식이며, 지식사회에서는 질적 평가로 가야 한다. 유럽 국가들은 객관식 평가를 하지 않으며, 미국도 앞으로 4지선다형 또는 5지선다형 출제를 더 이상 하지 않는 방향으로 나아가고 있다. 지식중심의 교육에서는 객관식 평가를 할 수 있지만 역량중심의 교육에서 능력 평가는 객관식으로 하기 어렵다. 교육과정이 바뀌면 평가 방식도 변해야 한다.

3) 더불어 살기 위한 학습을 강화한다

유네스코는 학습을 네 개의 기둥, 즉 알기 위한 학습(Learning to know), 실천하기 위한 학습(Learning to do), 더불어 살기 위한 학습(Learning to live together), 그리고 완성된 인간이 되기(자아실현을) 위한 학습(Learning to be)으로 소개하였다(제4장 참고). 이 중 가장 중요한 것은 더불어 살기 위한 학습이다. 더불어 살기 위한 학습은 한 국가의 국제사회와의 긴장, 개인과 전체의 긴장, 그리고 경쟁과 기회의 균등 측면에서의 긴장 등 많은 긴장을 가진 개인과 국가가 함께 살기 위한 노력을 게을리 해서는 안 된다는 경고를 보내고 있다.

우리나라는 그동안 많은 나라로부터 경제적 · 군사적 · 문화적인 도움을 받으며 발전해 왔다. 이제 우리는 다양한 면에서 도움을 주는 입장이 되었지만 아직 마음은 그런 준비가 되어 있지 않다. 그러므로 더불어 살기 위한 학습은 우리 교육에서 매우 중요한 한

부분이 되어야 한다. 또한 우리는 미래 세대와 더불어 살기 위해 지속 가능 발전 교육과 녹색성장 교육을 실시해야 한다.

• 늘어나는 다문화가정과 결손가정 학생의 교육을 위해 기숙학교를 확대한다.

우리 사회는 핵가족 중심 사회이지만 결손가정이 점점 더 많이 늘어나고 있어 사회적으로 많은 문제를 낳고 있다. 또한 다문화가정도 점점 늘어나고 있어 이들을 위해 가정과 학교 역할을 동시에 할 수 있는 기숙학교를 더 많이 필요로 하고 있다. 우리 사회는 이들을 가족같이 따뜻하게 안아 주는 기숙학교의 필요성에 대해 인식을 새롭게 해야 한다.

• 제2외국어 교육을 확대한다.

우리의 청소년들은 제2외국어를 더 많이 공부해야 할 필요가 있다. 특히 중국어, 스페인어, 이슬람어 등은 앞으로 수요가 늘어날 것으로 예상되므로 관심을 가지고 더 많이 공부할 수 있도록 담당 교사와 수업시수를 늘려 나가야 한다.

4) 전통적이면서 국제적인 추세에 맞게 인성교육을 재구조화하여 시행한다

우리나라는 예로부터 '동방예의지국'이라는 이야기를 들을 정도로 인성교육을 중요하게 다루어 왔다. 그러나 최근 핵가족 경향을 넘어 파괴된 가정이 늘어나면서 청소년의 인성에 문제가 생기고 있다. 얼마 전 국내에서 하버드 대학교 마이클 샌델(Michael J. Sandel) 교수의 강의 주제인 '정의: 우리가 해야 할 올바른 일은 무엇인가?(Justice: What's the Right Thing to Do?)'에 많은 사람이 관심을 보인 것을 생각해 보자. 샌델 교수는 우리가 해야 할 올바른 일이 무엇인지, 어떻게 사는 것이 바르게 사는 것인지와 같은 사회정의에 대해 이야기하였다.

최근 전 세계적으로 지식이 많은 '든 사람'과 재능이 많은 '난 사람'은 많다. 그러나 올바른 사람, 즉, '된 사람'은 많지 않다. 국내는 물론 국제사회에서 참된 사람의 가치는 점점 더 높아질 것이다. 경제에서 '희소성의 법칙'을 상기할 필요가 있다. 현재는 물론 앞으로 국내 또는 국제적으로 참된 사람이 더 많이 필요하다. 환경, 인권 및 자유의 가치가 더 많이 신장될 수 있도록 해야 한다. 샌델 교수의 정의론이 주목을 끄는 이유는 많은 사람이 정의로운 사회를 희망하기 때문이다

사회정서학습(social emotional learning: SEL)은 선진국에서 이미 중요하게 다루고 있다. 우리 조상은 옳은 길을 가는 진실하고 올바른 사람을 목표로 참된 사람이 되라고 가르쳤다. 싱가포르처럼 자신과 가족을 사랑하고, 지역사회를 사랑하는 향토애와 나라를 사랑하는 애국심을 기르는 사회정서 교육을 실시하고, 역경에 처했을 때 굴하지 않고 이겨 내는 회복력(resilience of mind)을 기르는 훈련을 해야 한다.

• 인성 발달을 위해 예술과 체육 교육을 강화한다.

앞서 뉴질랜드의 새 교육과정에서 확인하였듯이, 우리는 예술

(댄스, 드라마, 음악, 미술 등)과 체육(건강, 단체경기)이 미래의 핵심 역량을 기르는 데 매우 유용한 교육 내용이라는 사실을 인지하고 있다. 우리도 새 교육과정을 만들 때 이를 적절하게 반영하도록 해야 한다.

5) 창조적인 생활과 경제활동을 위해 고차원의 사고능력을 개발한다

앞으로 지식교육은 많은 부분 사이버 교육 및 학습에 의존하는 방향으로 하고, 학교교육은 인성교육과 창의성 교육을 더욱 강조하는 방향으로 나아갈 것으로 예상된다. 히어럴 등(Hyerle, 2004; Hyerle & Alper, 2011)은 맥락 탐색, 속성기술, 비교와 대비, 분류, 전체와 부분, 배열, 원인과 결과, 유추 등 여덟 가지 생각 유형을 교수와 학습에 활용하여 사고능력을 키울 수 있음을 보여 주고 있다. 이 여덟 가지의 생각 유형은 대부분 창의적인 사고를 하는 데 필요한 것이므로 학교교육에서 훈련을 통해 쉽게 활용할 수 있도록 할 필요가 있다.

• 고차원의 사고력 개발 훈련을 강화한다.

제10장에서 소개하는 고차원의 사고력 개발을 위한 생각의 유형이나 생각도구 등을 가지고 사고력 향상을 위한 훈련을 실시한다.

• 창의성 발달을 위해 예술 교육을 강화한다.

뉴질랜드와 싱가포르의 예에서 보았듯이, 예술 교육을 강화하는 것은 인성 발달에도 좋고 창의성 발달에도 도움이 된다. 예술교육을 통해 다양한 창작의 기회를 경험할 수 있도록 교육하는 것이 바람직하다.

6) 학습과정의 과학적인 연구를 위해 인지과학의 발전을 촉진한다

기술융합과 인지과학의 발달에 따라 미래에는 학습과 관련하여 많은 새로운 지식과 정보가 나올 것으로 예상된다. 보다 적극적으로 인지과학을 탐구하여 교육과 학습에 활용할 필요가 있다.

• 학습과정과 관련된 뇌 연구를 강화한다.

인지과학은 기억과 학습 그리고 저장 등의 뇌 연구를 바탕으로 발전해 나갈 것이다. 학습과정에서 중요한 뇌 기능에 대한 연구를 바탕으로 학습에 장애가 있는 학생들을 도와줄 수 있도록 해야 한다.

• 스마트 교육환경 조성을 위해 인공지능 연구를 강화한다.

인공지능은 학습을 보조해 줄 수 있는 프로그램 개발에 사용되며, 이렇게 개발된 프로그램은 스마트 교육환경을 제공하게 되므로 인공지능 연구를 강화해 나가야 한다.

7) 가정과 사회 전체가 평생교육하는 시스템을 구축한다

그동안 우리는 학교교육이 교육의 전부인 것으로 생각해 왔다.

그러나 이제 대부분의 선진국은 성인을 포함한 전체 국민을 위한 교육을 실시하고 있다. 우리 사회도 교육이 학교교육만으로 충분하지 않음을 인정하고, 온 사회가 교육에 참여하고 개인은 평생에 걸쳐 교육을 받을 필요가 있음을 받아들여야 한다. 우리나라도 1995년 교육개혁위원회가 "누구나, 언제, 어디서나, 원하는 교육을 받을 수 있도록 하자."는 평생교육 이념을 발표하였다. 학습사회와 평생교육의 이념을 앞으로 계속 잘 살려 나가야 한다.

• 초등학교부터 학생들이 사회로부터 격리되지 않고 연계될 수 있도록 하기 위해 현장 견학 프로그램 등을 늘린다.

우리는 그동안 좋은 시험 성적을 받기 위해 학생을 사회로부터 격리시켜 교육해 왔다. 학부모와 교사는 학생들이 대학에 들어갈 때까지 가능하면 사회와 단절된 공간에서 공부만 할 것을 요구한다. 사회로부터 잘 격리시킬수록 자녀와 학생들이 공부에 몰두하여 좋은 성적을 얻을 것이라는 생각을 가지고 있기 때문이다. 사실, 대부분의 학부모는 모든 자녀의 요구를 대학 입학 이후로 미루어 왔다.

사회를 잘 모르는 학생들이 진로를 어떻게 결정할지 몰라서 대체로 성적에 따라 결정하는 경향을 보였다. 학생은 자신의 진로에 대해 생각하고 고민할 여유도 없이 성적에 따라 대학의 전공을 결정한다. 앞으로 교육은 학생이 사회와 격리되지 않도록 가능하면 현장 견학(field trip)을 많이 하고, 겨울방학은 짧게 줄이고 여름방학을 늘려 학생들이 긴 여름방학 기간 동안 여행도 하고 사회 체험을 충분히 할 수 있도록 해야 한다.

8) 민간의 자율적인 교육 운영 노력을 지원한다

• 기업의 직원 복지 향상을 위한 사립학교의 설립과 운영을 허용한다.

최근 기업은 국내외 직원의 복지를 확대하는 차원에서, 그리고 국내외 인재들을 더 많이 유치하는 데 필수적인 요건 가운데 하나로서 사립학교를 설립 · 운영하고자 한다. 정부는 이를 적극적으로 수용하여 기업이 운영하는 사립학교들이 더 많이 늘어날 수 있도록 정책을 세워 나가야 한다.

• 사립대학이 한계 사립(전문)대학을 통폐합하거나 인수합병할 수 있는 길을 열어 준다.

미래에는 국내 인구가 감소함에 따라 사립대학들이 학생을 충원하지 못해 매우 어려운 상황을 맞이할 것으로 예상된다. 이에 대비하여 다음과 같은 조치를 검토해서 적절한 대비를 해야 한다.

–사립대학 간 통폐합이나 인수합병이 일어날 수 있도록 한다.

–시 · 도 교육청이 한계 사립(전문)대학을 매입하여 기술교육을 하는 특성화 학교, 장애학생을 위한 특수학교, 학교 부적응 학생을 위한 특별학교 등으로 전환할 수 있도록 한다.

–지방자치단체가 한계 사립(전문)대학을 매입하여 직업훈련원이나 평생교육원 등의 용도로 전환하여 사용할 수 있는 길을 열어 준다.

–기업이 한계 사립(전문)대학을 매입하여 회사의 사내 대학이나 직원 연수원으로 사용할 수 있도록 한다.

4. 교육투자정책의 전략

우리 사회가 경험하고 있는 사회 양극화 문제와 저출산 문제에 대해 범국가적인 특별 조치가 요구된다. 가장 좋은 방법은 영유아에 대한 보육과 교육을 국가가 최대한 지원하는 일이다. 특히 저소득층의 아동에 대한 적극적인 지원을 꾸준히 해 나가야 한다. 예를 들어, 세계은행은 「세계은행 교육전략 2020」에서 세 가지 전략, 즉 조기 투자(Invest Early), 현명한 투자(Invest Smartly), 그리고 모든 사람에게 투자(Invest for All) 전략을 내세우고 있다.

이 중에서 조기 투자는 새로운 투자정책의 핵심이다. 국제사회의 양극화에 대처할 수 있는 가장 좋은 방법은 조기 투자이기 때문이다. 현명한 투자는 꼭 필요한 곳에 투자하고 낭비하지 않는 것을 의미한다. 그리고 모든 사람에게 투자하는 것은 세계은행의 임무이므로 당연한 일이다. 우리나라는 사회 양극화와 저출산에 대응하기 위해 조기 투자 정책, 즉 영유아복지정책을 과감하게 실시해야 할 것이다.

1) 조기 투자

제한된 재원을 효과적으로 사용하기 위해서는 조기투자가 가장 효과적이다. 영유아 시기에 특별히 지원해 주어야 하는 이유는 이 시기가 인간의 뇌가 발달하는 시기이고, 투자수익률이 가장 높기 때문이다. 그 이유를 자세히 알기 위해 인간에게 가장 중요한 두

뇌의 발달과정을 살펴보면 다음과 같다.

인간이 외부로부터 받은 자극은 모두 뇌와 척수로 들어간다. 생각 없이 즉각적인 반응이 필요한 것은 뇌로 가기 전에 척수가 받아서 반사적으로 대응한다. 예를 들면, 뜨거운 것에 닿으면 즉각 몸을 움츠리는 행동 등이다. 즉각적인 반응을 하지 않아도 되는 자극은 모두 뇌로 가서 뇌의 지시를 받아 반응하게 된다. 뇌는 인간의 생각과 느낌, 행동을 결정하는 사령탑이며, 뇌의 이러한 기능은 대체로 4, 5세경까지 대부분 발달한다([그림 8-1] 참조).

[그림 8-1]에서 보여 주듯이, 사람은 태어날 때부터 듣고, 보고, 습관적인 반응을 한다. 시간이 지나면서 말을 하게 되고, 주변 사람을 알아보고, 감정 반응을 보인다. 이런 반응들이 차츰 발달하

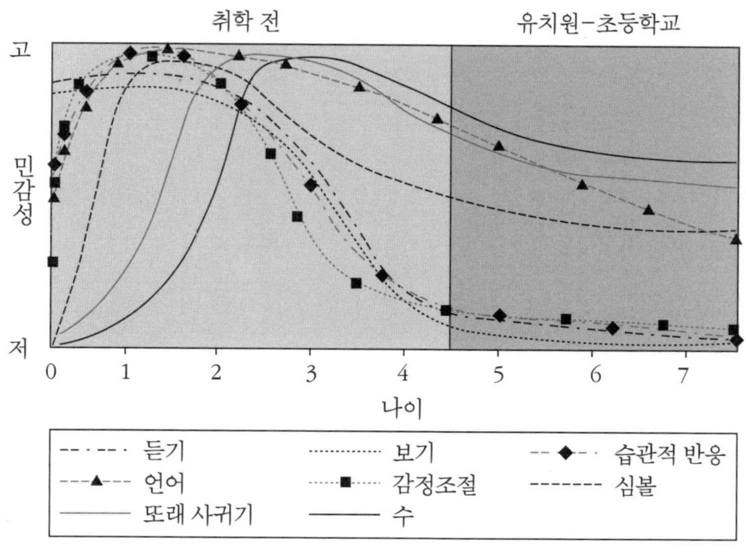

[그림 8-1] 초기 뇌 발달의 과정

출처: World Bank (2011).

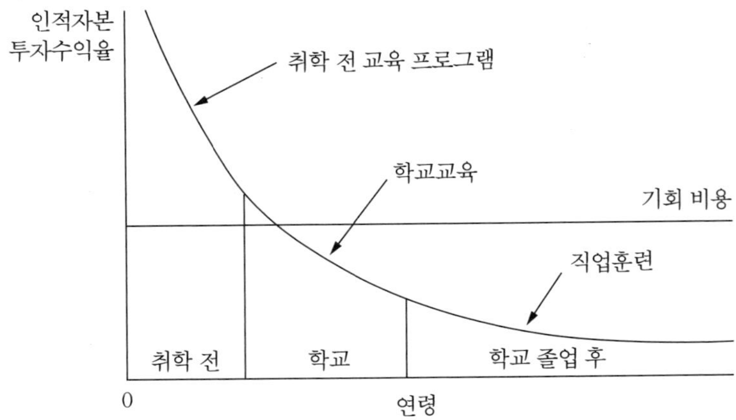

[그림 8-2] 연령과 인적자본 투자수익율의 관계

출처: Doyle, Heckman, & Tremblay (2009).

여 4, 5세가 되면 많은 부분이 어느 정도 기본적인 수준에 이를 정도로 뇌가 발달한다. 그러므로 이 시기에 가장 좋은 보육과 교육을 받을 수 있도록 해 주는 것이 사람의 일생에 영향을 미친다.

[그림 8-1]과 [그림 8-2]에서 보여 주듯이, 인간의 발달과정을 보면 0세부터 5세까지 거의 모든 중요한 기능이 발달하고 투자수익률이 높다. 즉, 이 시기는 인생에서 가장 중요한 시기이며, 이는 가장 좋은 환경에서 보육과 교육이 이루어져야 한다는 것을 시사하는 것이다. 영유아 시기에 좋은 보육과 교육을 받은 아동은 그렇지 않은 아동에 비해 성장한 후 개인적으로나 사회적으로 성공적이고 행복한 인생을 살고 있는 사례는 매우 많이 소개되고 있다(김태완, 2011). 그러므로 특히 저소득층의 아동에 대한 지원을 적극적으로 해 주어야 한다.

2) 맞춤형 투자

우리는 제한된 재원을 가장 효과적으로 사용(invest smartly)하기 위해 꼭 필요로 하는 사람에게 필요로 하는 정도만 지원하는 시스템을 갖추어야 한다. 가장 좋은 방법은 바로 맞춤형 투자(customized investment)다. 맞춤형 투자란 자원과 재원의 낭비가 없도록 하고(no moral hazards), 어떤 한 사람도 빠지지 않도록 지원하는(no child left behind) 시스템이다. 맞춤형 투자를 해야만 필요로 하는 사람에게 가장 많이 지원해 줄 수 있다.

3) 국제사회 지원투자

이미 선진국에 진입한 우리 사회가 국제사회에서 해야 할 일은 매우 많다. 그중에서 특별히 개발도상국들의 교육 발전을 위해 우리의 발전 사례를 알려 주고 재정적으로 지원하는 일은 매우 중요하다(invest globally). 물론 국내에도 도움을 필요로 하는 계층이 존재하지만 글로벌 시대에 국제사회도 마찬가지로 우리의 도움을 필요로 하는 사람들이 있음을 유의해야 한다. 따라서 능력이 닿는 한 우리는 국제사회 선진국의 일원으로서 우리의 역할과 책임을 다할 수 있도록 노력해야 한다.

제 9 장

바르고 따뜻한 인성 함양

1. 인성의 개념

우리 옛말에 '주향십리(酒香十里)'라는 말이 있다. 술 익는 냄새가 십리 밖에까지 나서 술을 좋아하는 사람은 이 냄새를 맡고 찾아온다는 뜻이다. 또한 '화향백리(花香百里)'는 벌과 나비가 꽃향기 냄새를 맡고 백리 밖에서 찾아온다는 뜻이다. 그리고 '인향천리(人香千里)'는 인품이 뛰어난 사람은 천리 밖에까지 소문이 나고, 인재를 좋아하는 사람은 천리 밖에서도 찾아온다는 뜻이다. 사람의 향기는 인품에서 나오고, 인품은 인성에서 나온다고 할 수 있다. 그러므로 사람의 향기는 인성에서 나온다고 할 수 있다.

전통적으로 재주가 덕을 이기는 것(재승덕, 才勝德)보다 덕이 재주를 이기는 것(덕승재, 德勝才)이 좋다는 말이 있다. 즉, 재주가 덕을 앞지르면 일을 그르치지만 덕이 재주를 앞서면 일이 잘 풀린다는 뜻이다. 재주를 뽐내지 말고 덕을 자랑하라는 말도 같은 의미다. 한자의 덕(德)은 '두인 변(彳, 조금 걸을 척)'에 '곧을 직(直)' 밑에 '마음 심(心)'을 합성한 것으로, '바른 마음과 행동으로 정직하게 앞으로 걸어 나간다'는 뜻이다.

또한 행복하지 않은 사람에게서는 좋지 않은 냄새가 나고, 행복한 사람에게서는 좋은 냄새가 나온다고 한다. 모두 인성의 중요성을 이야기해 주고 있다. 노자의 『도덕경(道德經)』에서는 덕(德), 인(仁), 의(義), 예(禮)를 사람에게 필요한 덕목으로 제시하고 있는데, 이 중 덕(德)을 제일 중요한 덕목으로 내세우고 있다. 서양에서도 명문교에서는 덕목교육(vertue, character education)을 매우 중요하게 다룬다. 이렇게 동서양을 막론하고 보편적 가치를 가지고 있는 덕은 교육의 중요한 내용이며, 그동안 도덕 및 윤리 과목이 이를 담당하고 있다.

교육철학적인 입장에서 인간됨의 중요성을 강조한 이규호는 『사람됨의 뜻: 철학적 인간학』(1967)에서 지식이 많은 '든 사람'과 능력이 많은 '난 사람', 그리고 인품이 좋은 '된 사람'을 비교하면서, '된 사람'을 가장 바람직한 인간의 모습으로 그리고 있다. 궁극적으로는 '된 사람'을 교육의 목표로 내세우고 있으며, 서양에서도 된 사람을 바르고 완전한 사람(man of righteousness and integrity)으로 묘사하며 중요하게 인식하고 있다.

인성의 중요성은 1983년 가드너(Howard Gardner)의 다중지능이론(the theory of multiple intelligences)이 소개되면서 새롭게 부각되기 시작했다. 다중지능이론의 도입 이후 종래의 대표적인 지적 지능(intelligence) 외에 감성지능(emotional intelligence: EI)의 중요성이 주목을 받게 되었다. 대체로 감성지능은 자신과 다른 사람, 그리고 집단이 가지고 있는 감정과 정서를 확인 · 평가 · 통제하는 능력으로 정의된다.

예를 들면, 한 아동에게 과자를 하나 주면서 10분 동안 먹지 않고 기다리면 과자를 하나 더 주겠다고 제안한다. 어린이가 과자를 먹지 않고 10분을 기다리면 실제로 과자를 하나 더 주고 그렇지 않으면 더 주지 않는 실험 등을 통해, 먹고 싶은 감정을 참을 수 있는 아동이 감성 능력이 높고, 성인이 된 후 사회적인 성공을 할 가능성이 높다고 보는 입장이다.

이와 같이 감성지능이 실제로 존재한다는 생각을 바탕으로 하는 감성지능이론은 감성지능을 능력으로서의 감성지능(ability EI)과 특성으로서의 감성지능(trait EI)의 두 가지로 나누고 있다. 감성지능이론 주창자들은 그동안 중요시했던 지능지수(intelligence quotient: IQ) 외에 감성지수(emotional quotient: EQ)라는 새로운 지수 개념을 도입하였으며, 관련 학자들은 EQ의 개발을 통해 아동의 감성능력을 측정해 보려고 시도하고 있다(Goleman, 1998; Salovey & Mayer, 1990).

능력으로서의 감성지능이론을 주장하는 연구자들은 수행평가를 통해 감성능력을 측정하는데, 이것은 기존의 지능과 깊은 관계가 있음을 보여 주고 있다. 특성으로서의 감성지능이론을 주장하는 연구자들은 자기보고 질문지를 통해 감성지능의 속성을 측정하는데, 이것은 종래의 성격과 깊은 관계를 보이고 있다. 따라서 감성지능이 실제로 독립된 특성을 가지고 존재하는 지능인지, 또는 기존의 지능(IQ)과 성격특성(Big Five personality traits)을 넘어서는 부가적인 타당도가 있는지 등과 관련한 비판이 있다. 그러므로 이러한 비판을 설득할 수 있는 증거를 보일 수 있어야 하며, 향후 검증과정을 좀 더 거쳐야 하는 과제를 안고 있다.

이와 같이 덕, 인품, 인격, 인성 등 여러 가지로 표현되고 있는 인성교육의 내용을 글로벌 시대에 맞게 새롭게 정리할 필요가 있다. [그림 9-1]은 우리 교육이 지향해야 할 새로운 인성교육의 개념과 요소를 보여 주고 있다. 그동안 도덕교육 중심의 인성교육을 넘어서서 사회성과 감성의 발달을 위해 적극적으로 노력해 나가야 한다. 새로운 인성교육은 사회성, 감성 및 도덕성의 3차원, 6역량, 6핵심가치를 두루 포괄해 나가야 한다.

여기서 정서적 능력은 감성으로 표현하고 있다. 6역량이란 사회성 영역에서 사회적 인식 능력(social awareness)과 대인관계 능력(interpersonal skills), 감성 영역에서 자기인식 능력(self-awareness)과 자기관리 능력(self-management), 그리고 도덕성 영역에서 핵심가치 인식능력(core value awareness)과 책임 있는 의사결정 능력(responsible decision-making)이다. 그리고 6핵심가치란 사회성 영역에서 공감과 소통, 감성 영역에서 긍정과 자율, 그리고 도덕성 영역에서 정직과 책임을 말한다.

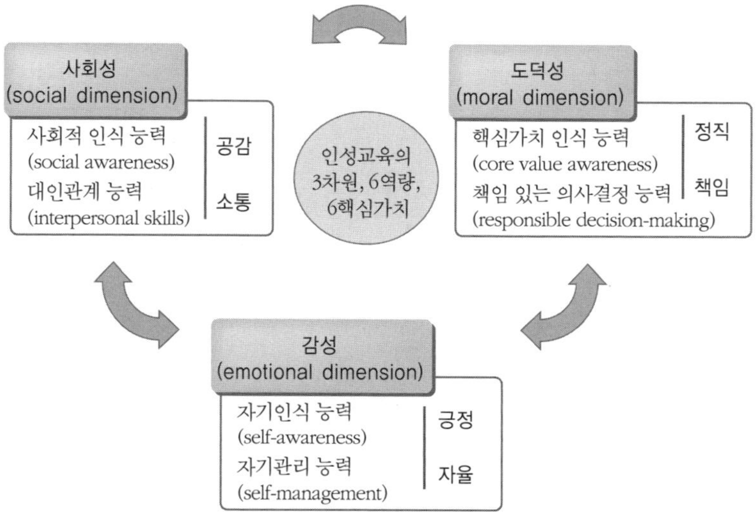

[그림 9-1] 새로운 인성교육 개념 및 요소

출처: 차성현(2012), p. 18의 그림을 재구성함.

2. 인성의 중요성

예제 1

우리의 두뇌로 들어온 정보를 처리하는 데 감정이 어떻게 관여하는지를 아는 것은 인성의 중요성을 이해하는 데 필요하다. [그림 9-2]와 같이 두뇌에 입력된 정보 중에 감정이 실리고 의미가 있는 것은 장기기억에 저장된다. 감정이 실리지 않고 의미를 갖지 못하는 정보는 잃어버리게 되므로 입력된 정보에 대한 감정과 의미는 매우 중요하다.

어떤 정보는 좋은 감정과 의미를 동반하여 저장되고, 어떤 정보는 좋지 않은 감정과 의미를 동반하여 저장된다. 학습에서 가장

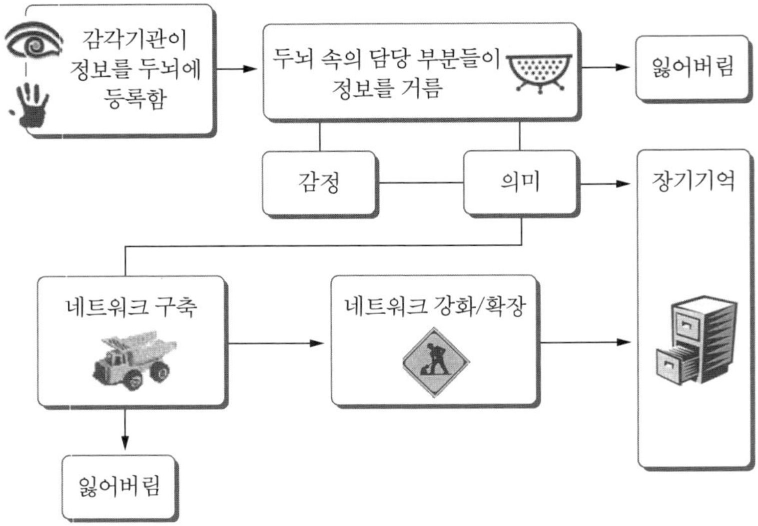

[그림 9-2] 두뇌로 들어온 정보의 처리과정

출처: Hyerle & Alper (2011).

중요한 것은 두뇌 속으로 들어온 정보에 대해 어떤 감정과 의미가 부여되는가 하는 것이다. 이것은 이전에 들어와 있는 정보와 유사할 때는 쉽게 수용되지만, 다를 때에는 긍정적으로 수용할지 아니면 부정적으로 수용할지의 여부에 대한 검토를 필요로 한다.

감정과 의미를 동반한 정보는 미리 들어와 있는 정보와 네트워크를 구축하게 된다. 미리 들어와 있는 정보와 관계를 맺은 정보는 기존의 네트워크를 강화하거나 확장시키는 역할을 하고, 강화 및 확장된 네트워크는 장기기억으로 저장된다. 마찬가지로 미리 들어와 있는 정보와 관계가 약한 정보는 저장되지 않고 잃어버리게 된다. 그러므로 학습에서 중요한 것은 먼저 배운 내용과 어떻게 관계되는지를 분명히 하여 단단하게 연결시켜 주는 일이다.

"구슬이 서말이라도 꿰어야 보배다."

예제 2

사회정서적 능력이 지적 능력에 영향을 준다는 것을 재확인하기 위해 수학불안 모형(math anxiety model)을 살펴볼 필요가 있다. 수학 과목은 많은 학생이 힘들어하고 어려워한다. [그림 9-3]과 [그림 9-4]에서 보여 주듯이, 정서적으로 '자신감'을 가진 학생은 수학 공부를 '추진'하고 결과적으로 '성공'하는 선순환 과정을 보인다. 반면에, 정서적으로 '불안감'을 가진 학생은 수학 공부를 '회피'하고 결과적으로 '실패'하는 악순환 과정을 보인다. 우리의

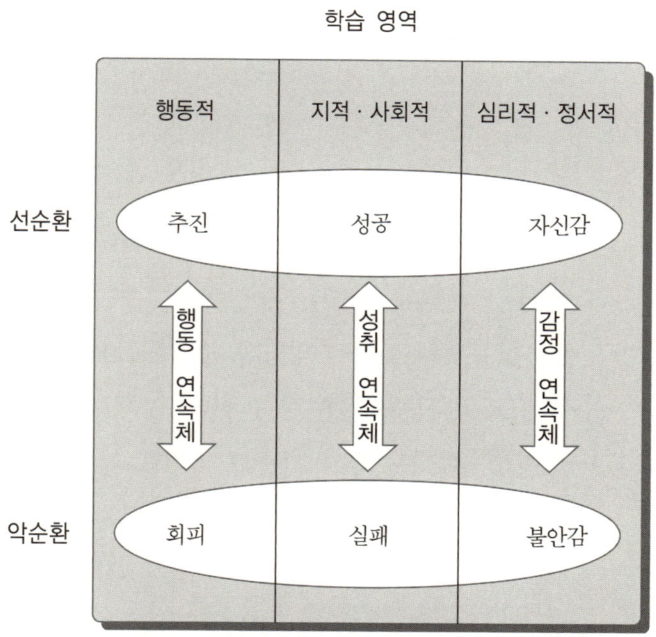

[그림 9-3] 수학불안 모형을 위한 지적 · 정서적 · 행동적 요인

출처: Stawderman. www.mathgoodies.com/articles/math_anxiety_model.html.

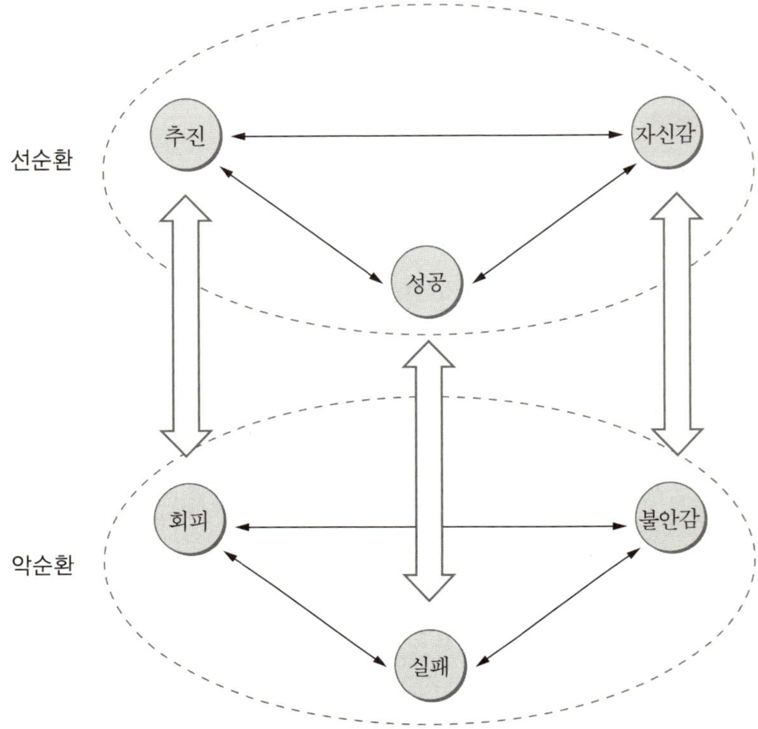

[그림 9-4] 수학불안 모형에서의 지적 · 정서적 · 행동적 요인의 상호작용

출처: Stawderman. www.mathgoodies.com/articles/math_anxiety_model.html.

감정 또는 정서가 우리의 행동에 영향을 주고, 결과적으로 지적 성취에 영향을 주고 있다는 사실을 알 수 있다.

수학불안 모형에서의 선순환과 악순환 과정을 경험한 학생의 학습방식에는 차이가 있음을 알 수 있다. 즉, [그림 9-5]와 같이 정서적으로 '자신감'을 가진 학생은 수학 내용을 '이해'하는 학습방식을 채택하는 반면, 정서적으로 '불안감'을 가진 학생은 수학 공부를 '암기'하는 학습방식을 채택하는 것을 알 수 있다. '이해'하

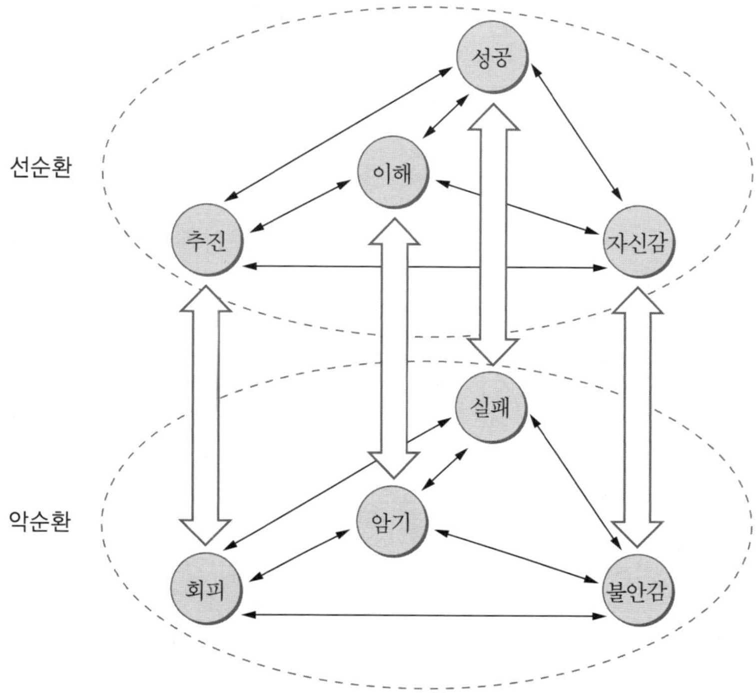

[그림 9-5] 수학불안 모형에서의 선순환과 악순환 과정의 학습방식의 차이
출처: Stawderman. www.mathgoodies.com/articles/math_anxiety_model.html.

는 학습방식은 결과적으로 '자신감'을 갖게 해 주기 때문에 계속 '추진'하고 '성공'으로 이어지고 있다. 반면에, '암기'하는 학습방식은 '불안감'을 갖게 해 주기 때문에 계속 '회피'하고 '실패'로 이어지고 있다.

그러므로 수학 교사의 교육방식과 학생의 학습방식이 매우 중요하다. 구구단 정도는 외우는 것이 좋지만, 다른 수학의 원리들은 '암기' 방식보다 '이해' 방식이 더 좋은 결과를 가져온다는 것을 분명히 인식할 필요가 있다. 수학 교사는 학생을 이해시킬 수 있을 정도로 내용을 스스로 잘 이해하고 있어야 좋은 교육을 할 수 있다.

앞서 소개한 지식과 정보의 저장과정과 수학불안 모형의 사례를 통해 우리는 사회정서의 발달이 지적 발달을 가져오는 과정에서 매우 중요한 역할을 하고 있음을 알 수 있다. 사회정서 능력은 도덕적 능력과 함께 우리 교육에서 인성교육의 주요 내용이 되어야 한다. 그동안 우리 사회는 인성교육을 도덕 · 윤리 교육과 동일시하여 항상 별도의 교과목으로 중요하게 생각해 왔으나, 사회정서 교육에 대해서는 특별히 관심을 기울이지 못한 채 공부, 즉 지적 능력만 강조해 왔다. 심지어 우리는 옛날부터 자신의 감정과 정서는 표현하지 않고 억누르는 것을 미덕으로 생각하는 문화를 가지고 있다.

최근 학교폭력과 왕따, 자살 등 학생들의 심리사회적 · 정서적 · 정신적 문제가 사회문제로 크게 대두하고 있어, 종래의 인성교육에 대한 새로운 접근이 필요함을 느끼게 해 주고 있다. 이제 인성교육은 종래의 도덕교육은 물론 자신의 느낌과 감정 표현 등을 중요시하는 사회정서 교육을 포함하여 실시하는 것이 바람직하다.

3. 인성의 발달과정

마인드(mind)가 담당하고 있는 지적 능력(intellectual competences)과 사회정서적 능력(social and emotional competences), 그리고 도덕적 능력(moral competences)을 좀 더 잘 이해하기 위해 개인의 감정

과 인식의 발달과정을 살펴볼 필요가 있다. 인간의 인지기능의 발달에 대해 가장 먼저 관심을 가지고 고민한 학자는 프로이트(Freud)다. 프로이트는 생물학자이면서 정신의학을 연구하여 정신분석학을 정립한 의사다. 프로이트는 인간의 인지능력의 발달을 심리성적 발달단계(psychosexual developmental stages)로 설명하려고 하였다. 그는 인간의 의식이 무의식적인 성적 욕구에 의해 영향을 받는다고 보았기 때문이다.

한편, 인간의 발달을 심리사회적 발달단계(psychosocial developmental stages)로 설명하려고 한 학자는 에릭슨(Erikson)이다. 에릭슨의 심리사회적 발달이론은 사회정서적 능력의 발달을 설명하는데 도움을 준다. 한편, 콜버그(Kohlberg)는 도덕성 발달단계(moral development stages)를 제시하고 있다. 각각의 발달 이론들은 다소간의 문제들은 있지만 인간의 발달과 관련하여 대표적인 이론들이므로 이들을 중심으로 살펴보고자 한다.

먼저, 에릭슨의 심리사회적 발달과정과 발달과제에 대해 살펴본다. 에릭슨은 인간의 심리사회적 발달을 설명하기 위해 〈표 9-1〉과 같이 일생을 8단계로 구분하고, 사람들이 적절한 시기에 중요한 심리적 과제를 해결해 나가고 있는지를 진단하고 있다.

먼저, 출생 이후 1년 정도의 기간 동안 아기는 부모 혹은 보호자로부터 젖이나 우유를 먹고 대소변을 제때 갈아 주는 등 필요한 배려를 받아 기본적인 욕구를 충족한다. 이때 기본적인 욕구가 충족되면 세상에 대해 신뢰하는 감정을 갖지만 그렇지 않을 경우에는 세상을 신뢰하지 못하는 감정을 형성하게 된다. 인생에서 가장 중요한 시기로 볼 수 있다.

〈표 9-1〉 에릭슨의 심리사회적 발달단계

단계	나이	위기	중요한 일	내용	심리성적 발달단계 (프로이트)
1	0~1	신뢰/ 불신	수유	• 부모가 기본적인 필요를 충족시켜 주는지 여부를 통해서 신뢰를 배운다. • 이 단계에서 기본적인 필요가 적절하게 충족되지 않으면 세상에 대한 불신을 가지고 자라게 된다.	구강기
2	2~3	자율성/ 부끄러움, 자신 없음	용변 훈련	• 대소변을 가리는 행동 등을 통해 자신이 스스로 무언가를 할 수 있다는 것을 배우면서 독립성이 발달된다. • 이 시기에 적절하게 격려받지 못하면 자신의 능력에 대해 자신 없어 하거나 부끄러워하게 된다.	항문기
3	4~6	주도성/ 죄의식	탐색	• 계속해서 좀 더 독립적이 되면서 어떤 일을 주도적으로 하기 시작한다. • 만약 주도적이 되지 못하거나 적절한 일을 성공적으로 하지 못할 경우, 자신의 필요나 욕구에 대해 죄의식을 갖게 된다.	음경기
4	7~12	자신감/ 열등감	학교	• 학교생활을 통해 계속해서 새로운 것을 배우면서 자신감을 길러 간다. • 만약 적절하게 격려되거나 칭찬받지 못하면 열등감에 빠지게 된다.	잠복기
5	13~19	자아정체감/ 역할 혼란감	사회관계	• 청소년, 사춘기에 이르면 자신이 다른 사람에게 어떻게 보일까에 대해 신경을 쓰게 된다. • 자신이 누구인가를 탐색해 가면서 자신의 정체성을 형성해 간다. • 적절하게 정체성을 형성해 가지 못할 경우, 자신의 역할 혼란감은 성인에 이르기까지 이어진다.	생식기

6	20~34	친근감/ 고립감	관계	• 초기 성인기에 대부분 사랑에 빠지고, 결혼하며, 자신의 가정을 가지게 된다. • 이 시기에 결혼을 통해 또는 가까운 우정을 통해 다른 사람에 대해 친밀감을 느끼지 못하면 고립감을 느끼게 된다.	
7	35~65	자식 생산 (생식성)/ 무력감	일과 양육	• 인생에서 가장 긴 시기이며, 대부분 자녀를 기르고 어떤 방식으로든지 일하고 사회에 기여한다. • 적절하게 생산적인 방식을 찾지 못하면 무력감을 느끼게 된다.	생식기
8	65~	충만감/ 절망감	인생 반추	• 노년기에 자신의 과거를 돌아보고 무엇을 하고 무엇을 못했는지 생각한다. • 생산적인 인생을 산 사람은 뿌듯함을 느끼고, 그렇지 않은 사람은 절망에 빠지게 된다.	

둘째, 2~3세에 대소변을 적절히 가리는 훈련을 받게 되고, 이를 성공적으로 해결하면 부모나 보호자로부터 칭찬을 받고 자율적으로 행동할 수 있는 능력이 형성된다. 그러나 이 과제를 잘 수행하지 못할 경우 스스로 자신을 통제하는 능력에 대해 자신 없어하거나 부끄러워하게 된다.

셋째, 4~6세는 마음껏 뛰노는 시기이며, 주로 장난감을 가지고 노는 경우가 많은 시기다. 이때 부모가 가지고 싶은 장난감을 적절히 제공해 주고 유아가 유치원이나 어린이집에서 주도적으로 행동하는 데 성공하면 주도적인 능력이 형성된다. 그러나 원하는 장난감을 획득하지 못하거나 적극적으로 노는 데 제동이 걸려 주도적으로 행동하지 못할 경우 자신의 필요나 욕구에 대해 죄의식을 갖고 위축된다.

넷째, 대체로 초등학교 시기인 7~12세에 학교생활을 통해 친구들과 어울리며 새로운 것들을 배운다. 이 시기에 적절하게 주어진 과제를 잘 수행하면 자신감이 생기지만 충분히 칭찬받지 못하거나 격려되지 않을 경우 자신이 친구들과 비교되면서 열등감을 느끼게 된다. 친구들과 같은 조건과 환경에서 비교되고 상대적으로 우월한 위치를 차지하지 못할 경우 크게 위축될 수 있다.

다섯째, 중고등학교 시기인 13~19세에 사춘기를 맞는다. 이 시기에는 자신이 다른 사람에게 어떻게 보일까에 대해 신경을 많이 쓰게 된다. 운동을 잘하거나 예능에 소질이 있거나 하면 그런 분야로 자아정체감이 형성되고, 공부를 잘해도 그런 분야로 자아를 발전시켜 나가게 된다. 그러나 특별히 잘하거나 좋아하는 것이 없을 때 '나는 누구인가' '앞으로 어떻게 될 것인가' 등에 대해 혼란스러워하고 심리적으로 어려움을 겪게 된다.

자신이 가정이나 사회에 필요 없는 존재가 아닌가 하는 마음이 들면 삶에 대해 자신감을 갖지 못하고 삶을 포기하고 싶은 생각이 들 수 있다. 이 시기에 문제가 심각할 경우 교사나 전문가로부터 적절한 도움을 받는 것이 필요하다. 〈표 9-1〉에서 보여 주듯이, 에릭슨은 성인이 된 이후에도 시기에 따라 적절한 발달과제를 부여받고 이를 잘 해결해야 심리적으로 문제가 없을 것으로 생각하고 있지만, 여기서는 자세한 설명을 생략하기로 한다.

콜버그는 〈표 9-2〉와 같이 인간의 도덕성 발달을 선관습적(preconventional) 도덕성, 관습적(conventional) 도덕성, 그리고 후관습적(postconventional) 도덕성으로 크게 세 단계로 나누고, 다시 각각의 단계를 다시 두 단계로 나누어 설명하고 있다.

〈표 9-2〉 콜버그의 도덕성 발달단계

수준	특성	단계	나이	오리엔테이션	내용
선관습적 도덕성	보상과 벌에 의해 옳고 그름이 결정됨	1	유아기	벌	• 벌을 받지 않기 위해 규칙에 복종한다. • 벌을 불러오는 것은 잘못된 것이다.
		2	취학전	개인적인 이득 (도구적, 상대적)	• 개인적인 이득을 위해 규칙에 복종한다. • 옳은 행동을 하면 보상받게 된다.
관습적 도덕성	다른 사람의 관점이 중요, 비난을 피하고 인정을 구함	3	초등	순응, 대인 간 일치	• '착한 소년' 또는 '착한 소녀'라는 인정을 받기 위해 규칙에 복종한다. • 좋은 의도, 좋은 행동이라고 지지받는 대로 행동한다.
		4	초등	권위와 사회질서 유지	• 권위에 복종한다. • 사회질서를 유지하기 위해 규칙에 복종한다. • 의무를 다하는 것은 중요하다.
후관습적 도덕성	• 정의의 추상적인 생각 • 다른 사람의 권리가 법/규칙에 대한 복종을 무효로 할 수 있음	5	10대	사회계약법적 (계약과 개인적 권리의 도덕성)	• 공정한 규칙에만 복종한다. • 도덕과 법적 권리는 다르다. • 민주적 규칙이 다른 사람의 권리를 침해할 때 도전받을 수 있다. • 규칙도 때때로 깨져야 한다는 것을 안다.
		6	성인	보편적 윤리원칙 (양심의 도덕성)	• 개인은 자신의 윤리원칙에 따라 자신의 규칙을 만든다.

첫째 단계인 선관습적 도덕성 단계는 ① 유아기의 초기에 벌을 받지 않기 위해 바른 행동을 하는 단계, ② 이후 취학 전까지는 보상을 받기 위해 바른 행동을 하는 단계로 나누어 설명하고 있다. 이 단계는 아동의 행동의 옳고 그름이 벌과 보상에 의해 결정된다.

두 번째 단계인 관습적 도덕성 단계에서는 ① 착한 소년, 착한 소녀라는 인정을 받기 위해 옳은 행동을 하는 단계, ② 권위와 사회질서를 유지하고 의무를 다하기 위해 옳은 행동을 하는 단계로 나뉜다.

세 번째 단계인 후관습적 도덕성 단계는 ① 계약에 의해 공정한 규칙에만 복종하는 단계, ② 보편적 윤리원칙인 자신의 양심에 따라 복종하거나 또는 복종하지 않는 단계로 나뉜다. 콜버그는 많은 사람이 세 번째 단계에 이르지 못하고 있음을 지적하고 있다.

정의적 능력이 매우 중요한 이유는 21세기 핵심역량인 문제해결능력, 비판적 사고능력, 기업가 정신 또는 창의성 등 많은 능력이 정의적인 능력에 의해 개발될 수 있기 때문이다. 블룸(Bloom)의 교육목표 분류체계(Taxonomy of Educational Objectives)에서 정의적 영역을 살펴보면 〈표 9-3〉과 같다.

〈표 9-3〉과 같이, 정의적 영역은 처음 외부의 자극을 '수신하기'부터 '반응하기' '가치 부여하기' '조직하기' '내면화하기/성격화하기'로 발달한다.

〈표 9-3〉 교육목표 분류체계(정의적 영역)

내면화 과정	목표 능력
수신하기	다른 사람으로부터 배우는 능력
반응하기	전후 사정과 상황에 맞게 책임 있고, 정중하며, 적극적으로 참여하는 능력
가치 부여하기	상황적인 경험을 가지고 자신의 개인적인 가치를 집단적인 가치에 연결 짓고, 자신의 가치판단을 표현하는 능력
조직하기	자신의 가치체계와 다른 사람의 가치체계를 구조화하고, 우선순위를 정하며, 조화시키는 능력
내면화하기/성격화하기	자신의 가치와 신념체계를 분명히 표현하고, 그 체계 안에서 일관되게 행동하는 능력

출처: Atkinson (2012).

4. 인성의 교육과 훈련

국제사회에는 인성교육 프로그램을 실시하고 있는 많은 학교와 학교구가 있다. 그중에서 대표적인 사례를 소개하면, 미국 알래스카의 앵커리지 학교구(Anchorage School District, Alaska)는 학업·사회정서학습(CASEL)을 도입하여 운영하고 있다. 앵커리지 학교구에서 개발한 사회정서학습(ASD Standards and Benchmarks for Social and Emotional Learning) 자료를 보면, 자신과 다른 사람을 알고 관리하는 능력을 〈표 9-4〉와 같이 간결하게 보여 주고 있다.

미국 알래스카의 앵커리지 학교구에서는 초·중등학교 교육에서 학생들에게 사회정서 교육의 목표를 자신의 생각, 감정, 느낌, 바람 등을 알고 그것을 관리할 수 있는 능력과, 다른 사람의 생각,

감정, 느낌, 바람 등을 배려하고 다른 사람의 감정에 대해 자신이 적절히 책임져야 할 부분은 스스로 책임지도록 하는 능력을 기르는 것으로 정하고 있다. 여기서 감성능력은 자신의 생각, 느낌, 감정 등을 알고 관리하는 능력이며, 사회성 능력은 다른 사람의 생각, 느낌, 감정 등을 알고 관리하는 능력으로 설명하고 있다.

제7장에서 미국의 교육개혁 사례에서 소개하였듯이, 학업 · 사회정서학습(CASEL)은 미국 내뿐만 아니라 다른 국가에서 도입하여 사회정서학습용으로 활용하고 있다. 특히, 싱가포르는 대부분의 초등학교에서 이 프로그램을 활용하여 사회정서학습을 하고 있다. 우리나라에서는 2012년부터 학교폭력 문제가 심각한 사회문제가 되면서 학교별로 시범적으로 개발한 사회정서학습 프로그램을 '어울림 프로그램'이라는 이름 아래 운영하고 있다. 학생, 학부모, 교사 간에 공감과 소통을 높임으로써 행복한 학교를 만들고자 하는 이 '어울림 프로그램'은 도입한 지 1년이 지나지 않고 있다.

학교별로 운영되고 있는 이 어울림 프로그램의 내용과 방법은

〈표 9-4〉 사회정서학습의 목표(미국 알래스카의 앵커리지 학교구)

내용 \ 대상	자신	다른 사람
인지	나는 나 자신의 감정을 알고 있다.	나는 다른 사람의 감정을 배려한다.
관리	나는 나 자신의 감정을 관리할 수 있다.	나는 다른 사람의 감정에 대해 적절히 책임져야 할 부분에 대해서는 스스로 책임을 지겠다.

출처: Anchorage School District. www.asdk12.org.

국제적으로 활용되고 있는 여러 가지 사회정서학습 프로그램과 유사하다. 이와 같은 시범 프로그램은 효과를 보기 위해 충분한 시간이 필요하며, 항상 수정 및 보완 과정을 거친다. 이러한 사회정서학습 프로그램 가운데 성과가 좋은 프로그램은 널리 보급하여 운영할 예정이다. 앞으로 모든 학교에서 이와 같은 프로그램이 운영되면 서서히 인성교육의 효과가 나타나게 될 것이다.

제 10 장

창의적 사고력 개발

1. 창의성의 개념

예제 1

창의성은 정형화된 일을 반복적으로 수행하는 과정에서는 생기지 않는다. 창의성은 비정형화된 일을 비반복적으로 수행하는 과정에서 발현된다. 트릴링과 파델(Trilling & Fadel)은 『21세기 핵심역량: 이 시대가 요구하는 핵심 스킬(*21st century skills: learning for life in our times*)』(2010)에서 개발도상국에서 하고 있는 일과 선진국에서 하고 있는 일을 비교하고 있다([그림 10-1] 참조). 즉, 대부분의 개발도상국은 사람이나 기계가 정형화된 일을 반복적으로

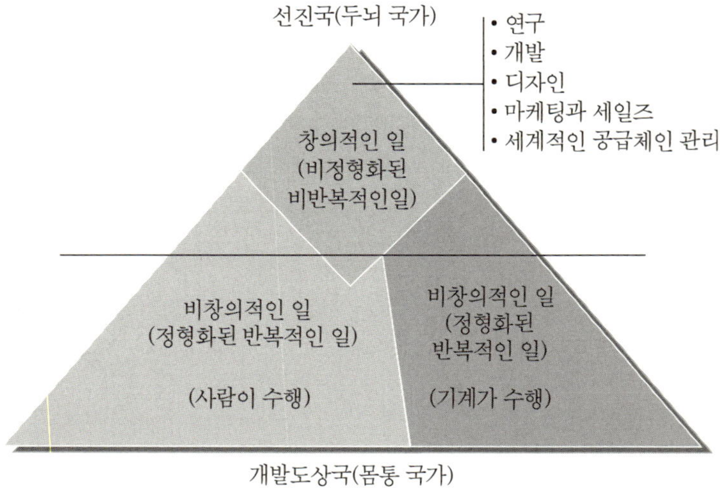

[그림 9-1] 개발도상국과 선진국에서 하고 있는 일의 비교

출처: National Center on Education and the Economy (2007).

하고 있지만, 선진국에서는 사람이 비정형화된 일을 비반복적으로 하고 있는 것으로 소개하고 있다. 우리는 정형화된 반복적인 일을 비창의적인 일로, 비정형화된 비반복적인 일을 창의적인 일로 바꾸어 생각할 수 있다. 물론 개발도상국에서도 창의적인 일을 하지만 규모가 크지 않으며, 선진국에서도 비창의적인 일을 하지만 대부분 외국인 근로자들이 하거나 기계가 하고 있다.

그러므로 우리나라와 같이 선진국에 이른 국가에서는 대부분의 청소년이 창의적인 일을 할 수 있는 능력을 갖추어야 한다. 창의적인 일의 내용은, 예를 들어 연구, 개발, 디자인, 마케팅과 세일즈 전략, 세계적인 공급체인을 관리하는 일 등이다. 이러한 일들은 높은 수준의 인지 능력은 물론 감성 능력을 필요로 한다. 우리 청소년들은 이러한 일을 효과적으로 수행하기 위해 뛰어난 인지 능력과 감성 능력을 키워 나가야 하며, 학교는 끊임없이 새로운 아이디어를 만들어 낼 수 있도록 교육해야 한다.

예제 2

창의성을 다른 각도에서 접근해 볼 수도 있다. OECD가 만든 핵심역량(Definition and Selection of Competencies: DeSeCo)을 상기해 보면, 창의성의 개념을 짐작해 볼 수 있다. 즉, OECD는 미래 사회를 살아가는 데 필요한 세 가지 핵심역량을 [그림 10-2]와 같이 소개하였다. 제6장에서도 살펴보았듯이, 핵심역량이란 ① 언어, 지식, 기술 등 지적 도구를 자유자재로 사용하는 능력, ② 이질적인 집단 내에서 상호작용하는 능력, 그리고 ③ 자율적으로 행동하는 능력이다. OECD는 보고서에서 이 세 가지 핵심역량이 서로 가깝게 겹쳐지고, 가운데에 겹치는 부분이 클수록 좋다고 하였다. 그 이유는 현실 생활에서는 이 세 가지 능력이 한 개인의 내부에서 통합적으로 작용하여 하나의 행동으로 나타날 수밖에 없고, 가운데 겹치는 부분이 큰 사람은 사회의 요구에 맞추어 자신이 가진 모든 지식과 역량을 통합적으로 잘 활용하는 사람이기 때문이다.

예를 들면, 자신이 가진 언어, 지식, 기술 등을 최대한 활용하여 이질적인 집단 내에서 상호작용하고, 또한 이것은 자신이 생각하는 인생의 큰 그림 안에서 자율적으로 행동하는 원칙에 최대한 충실한 범위 내에서 이루어지도록 한다면, 자신에게 주어진 일이나 자신이 하고자 하는 일을 성공적으로 할 수 있을 것이다. 이 과정에서 세 가지 역량이 서로 가깝게 중첩되면서 생기는 가운데 부분의 생활의 도전에 대한 '반성적 사고(reflectiveness)' 기능이 매우

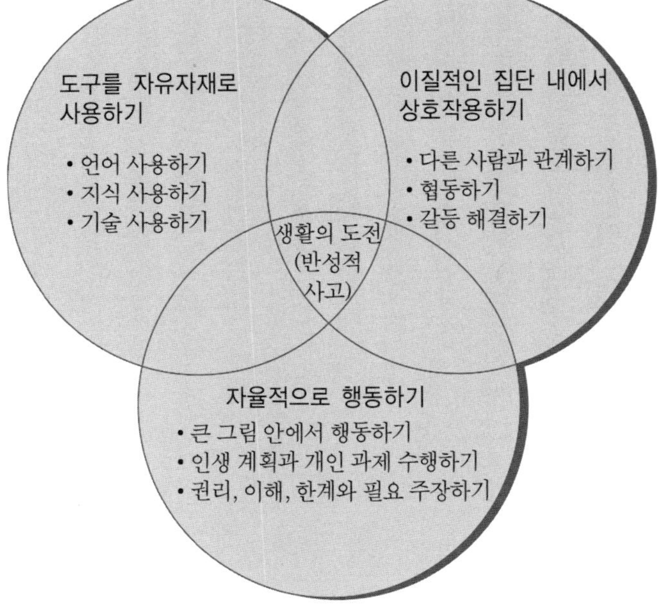

[그림 10-2] OECD가 제안한 핵심역량을 활용하여 생활의 도전에 대해 통합적 · 반성적으로 성찰하는 사고

출처: OECD (2003).

중요하다. 이것은 세 가지 역량을 활용하면서 이들을 통합적으로 생각하고, 생각한 것을 다시 계속 생각함으로써 높은 차원의 생각으로 끌어 올리는 반성적 사고의 과정이다. OECD는 이와 같은 깊은 반성적 사고를 바탕으로 행동할 것을 권고하였다. 창의성이라는 단어를 직접 사용하지는 않았지만, 이 '통합적 · 반성적 사고'야말로 바로 최상위의 사고력, 즉 창의적 사고다.

2. 사고력의 발달과정

예제 1

피아제(Piaget)는 인간의 인지발달에 초점을 맞추어 알고 생각하며 이해하는 인지능력의 발달을 중심으로 인지발달 단계(cognitive development stages)를 설명하고 있다. 그는 인간의 인지발달을 감각운동 단계(sensorimotor), 전조작 단계(preoperational), 구체적 조작 단계(concrete operations), 형식적 조작 단계(formal operations) 등의 네 단계로 나누어 설명하고 있다(〈표 10-1〉 참조).

첫째, 감각운동 단계는 사람이 태어나서 2세경까지 이루어지는 것으로서 대부분 보고, 듣고, 빨고, 만지면서 배우는 단계를 말한

〈표 10-1〉 피아제의 인지발달 단계

시대 구분	나이	특성
감각운동 단계	0~2	• 어린이는 보고, 듣고, 만지고, 빨면서 배운다. • 원인과 효과 관계에 대해 초보적인 이해를 갖는다. • 9개월경에 대상영속성이 나타난다.
전조작 단계	2~7	• 어린이는 언어, 심볼, 문자, 수 등을 사용한다. • 자기중심성이 분명히 나타난다. • 보존법칙(가역성)을 이해하지 못한다.
구체적 조작 단계	7~11	• 자기중심성이 서서히 감소하기 시작한다. • 집단에 대한 이해를 갖는다. • 이 단계의 사고는 역시 구체적이다.
형식적 조작 단계	12~	• 실제와 상상의 상황 모두에서 보존과 가역성을 이해한다. • 순차성, 원인과 효과관계에 대한 이해를 보여 준다. • 연역적 추론, 비교, 분류 등 추상적 사고를 보여 준다.

다. 사람이 가지고 있는 모든 감각기관이 거의 본능적인 수준에서 작동하여 이루어지는 행동들이다.

둘째, 전조작 단계는 2~7세 정도에 일어나는 행동들이며, 언어, 심볼, 문자, 수 등을 사용하여 행동한다. 이 시기에는 모든 사람이 자신이 보는 것과 같이 보는 것으로 생각한다. 이 시기에는 가역적으로 생각하지 못한다. 예를 들면, 같은 양의 물을 하나는 넓은 컵에 담고, 다른 하나는 좁은 컵에 담았을 때 좁은 컵에 담긴 물의 높이가 높게 나타나게 되는데, 이때 아동은 높게 나타난 컵의 물이 많다고 생각하는 것 등이다.

셋째, 구체적 조작 단계는 대체로 7~11세이며, 이 시기에는 좁은 컵에 높게 담긴 물과 넓은 컵에 낮게 담긴 물의 양이 같다는 것을 알게 된다. 자기중심성이 서서히 감소하고 비교적 구체적이고 객관적인 인식을 하게 된다. 예를 들면, 개에는 큰 개와 작은 개가 동시에 있을 수 있고, 지폐와 동전이 모두 돈이라는 것을 알게 되면서 집단에 대한 이해를 갖는다.

넷째, 형식적 조작 단계는 12세 이후에 나타나며, 어린이는 실제와 상상의 상황 모두에서 보존과 가역성을 이해한다. 그리고 순차성, 원인과 효과관계에 대한 이해를 보여 준다. 점차적으로 어린이는 논리, 연역적 추론, 비교, 분류 등 추상적 사고를 보여 준다. 성인의 경우에도 지적 능력이 낮거나 체계적인 훈련을 받지 않은 경우, 이와 같은 추상적인 사고를 하지 못한다고 본다. 추상적인 사고를 할 수 있는 것은 소위 말하는 '창의적인 사고'의 중요한 한 부분이므로 가능하면 모든 학생이 연습과 훈련을 통해 추상적인 사고능력을 발전시켜 나가야 한다.

예제 2

창의성을 좀 더 자세히 알아보기 위해 블룸(Broom)의 교육목표 분류체계(Taxonomy of Educational Objectives)를 살펴볼 필요가 있다. 블룸은 1956년 최초로 유명한 교육목표 분류체계를 내놓았다. 블룸은 인간의 인지능력을 지적 영역, 정의 영역, 행동 영역으로 나누고, 각각의 영역별로 인지 현상이 발생하기 시작하는 단계부터 시작하여 점차적으로 발전해 나가는 과정 전체를 단계별로 분류하였다. 이 분류체계는 이후 많은 학자에 의해 조금씩 수정 · 보완되며 발전해 왔다. 여기서는 가장 최근에 정리된 내용을 중심으로 논의해 나가고자 한다.

[그림 10-3]과 같이, 지적 영역의 인지과정 목표 체계를 하위 사고력인 '기억하기'부터 시작하여 '이해하기' '적용하기' '분석하기' '평가하기' '창조하기'의 상위 사고력 단계로 정리하였다. 한편, '창조하기'를 '합성하기'로 나타낸 분류도 있으며, 이것은 창

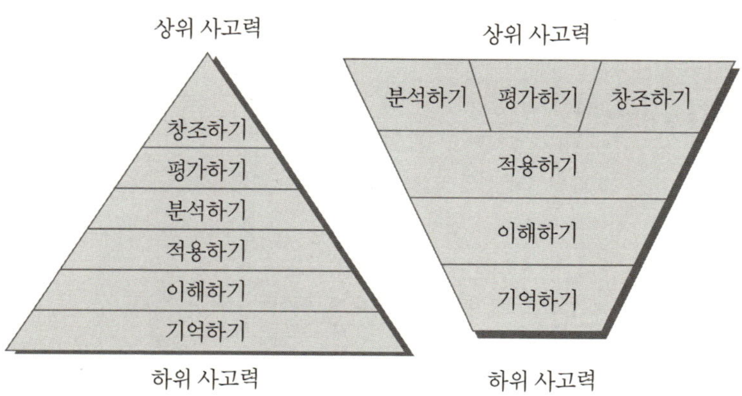

[그림 10-3] 인지영역의 발달 단계

출처: Atkinson (2012).

조적인 사고는 합성적인 사고와 유사함을 의미한다. [그림 10-3]의 오른쪽에 있는 그림과 같이 '분석하기' '평가하기' '창조하기' 등의 상위 사고력을 나란히 두어 같은 수준의 사고력으로 분류하는 입장도 있다. 두 개의 그림에서 알 수 있는 것은 '창조하기'는 최고 수준의 고차원적 사고능력이라는 점이다.

하위 사고력인 '기억하기'부터 시작하여 각 단계별로 목표로 하는 능력은 〈표 10-2〉와 같다.

지식의 인지과정을 보다 잘 이해하기 위해 지식의 종류를 나누어 보면, 크게 네 가지로 나눌 수 있다. 즉, 사실을 알려 주는 '사실적 지식', 개념을 알게 해 주는 '개념적 지식', 일의 과정을 알게 해 주는 '과정적 지식', 그리고 보다 높은 차원에서 조망적인 안목을 갖게 해 주는 '초인지적 지식'이 있다.

〈표 10-2〉 교육목표 분류체계(인지적 영역)

인지과정	목표 능력
기억하기	정보를 인지하고, 상기해 내며, 재기술하는 능력
이해하기	인지한 정보를 이해하는 능력
적용하기	사실적 정보, 제시된 이론, 모델과 구조를 실제 세계의 상황과 문제에 적용하는 능력
분석하기	하나의 사실적인 요소로부터 복잡한 관계를 구성하고, 관계를 재구성하며, 수요를 평가하는 능력
평가하기	최초의 정보에 나타나지 않은 새로운 결론을 만들어 내기 위해 맥락과 정보, 과정의 성격에 대해 복합적인 판단을 내릴 수 있는 능력
창조하기/합성하기	최초의 맥락에서 복잡한 정보의 집합을 결합하는, 새로운 지식 구조의 표상을 창조하는 능력

출처: Atkinson (2012).

〈표 10-3〉 지식 차원에 따른 인지과정

지식 차원		사실적 지식	개념적 지식	과정적 지식	초인지적 지식
인지과정 차원	기억하기	나열하다	기술하다	과정을 도표화하다	적절하게 사용하다
	이해하기	요약하다	해석하다	예측하다	실행하다
	적용하기	분류하다	실험하다	계산하다	구축하다
	분석하기	순서대로 정리하다	설명하다	구별하다	성취하다
	평가하기	서열 매기다	평가하다	결론 내다	조치하다
	창조하기 (합성하기)	결합하다	계획하다	구성하다	실현하다

출처: Forehand (2012).

〈표 10-3〉은 각 지식이 인지과정에서 동사의 형태로 변형될 때 사용되는 대표적인 동사를 제시하고 있다. 예를 들면, '사실적 지식'을 기억하는 차원에서 인지하고 있는지를 알아보려면, 봄에 피는 꽃의 이름을 열거하거나 파충류에 속하는 동물의 이름을 열거해 보라고 할 수 있다.

3. 창의적인 사고(최상위 사고력)의 교육과 훈련

끊임없이 새로운 아이디어를 만들어 내는 일은 쉬운 일이 아니다. 그러나 과학자나 기술자가 발견하거나 만들어 내는 새로운 것들은 매우 독창적인 실험과 시도의 결과로서 나오는 것이라기보다 비슷한 실험과 시도를 수백, 수천 번씩 반복해서 나오는 것임을 생각해 보면 창의적인 능력을 갖추는 일이 그렇게 어려운 일은 아니다. 그러므로 비슷한 실험과 시도를 끊임없이 할 수 있는 기본적인 사고의 유형에 대한 훈련을 충실히 하는 것은 창의성 개발을 위해 기본적으로 해야 할 일이다.

우리는 피아제가 제시한 인간의 인지능력의 발달이 네 단계로 이루어져 있으며, 가장 발달된 마지막 단계가 바로 보존과 가역성을 이해하고 순차성, 원인과 효과관계를 이해하는 단계임을 알고 있다. 이 단계에 이르면 논리, 연역적 추론, 비교, 분류 등 추상적 사고를 보여 주지만 모든 사람이 이러한 추상적인 능력을 갖지는 못한다는 것을 이해한다.

또한 블룸의 분류법에서도 '창조하기'는 가장 높은 수준의 사고력임을 확인하였다. 그렇다면 선진국에 이르기 위한 우리 교육과 학습의 과제는 추상적인 사고능력 또는 최고 높은 수준의 사고력 개발임이 분명하게 드러난다. 결과적으로 창의력, 즉 사고력 발달의 마지막 단계를 좀 더 체계적으로 훈련하는 일이 바로 창의성을 키울 수 있는 우리 교육과 학습의 과제다.

예제 1

히어럴 등(Hyerle, 2004; Hyerle & Alper, 2011)은 『생각지도와 함께 학생의 성공(*Student Successes with Thinking Maps*)』에서 생각을 도와주는 시각적 언어를 [그림 10-4]와 같이 여덟 가지로 정리하였다.

또한 히어럴은 이 여덟 가지 생각의 유형과 '초인지적인 틀'을 합쳐 아홉 가지 생각지도를 제시하였다. 여덟 가지 생각의 유형과 '초인지적인 틀'은 [그림 10-4]와 같이 다양한 경우와 상황에서

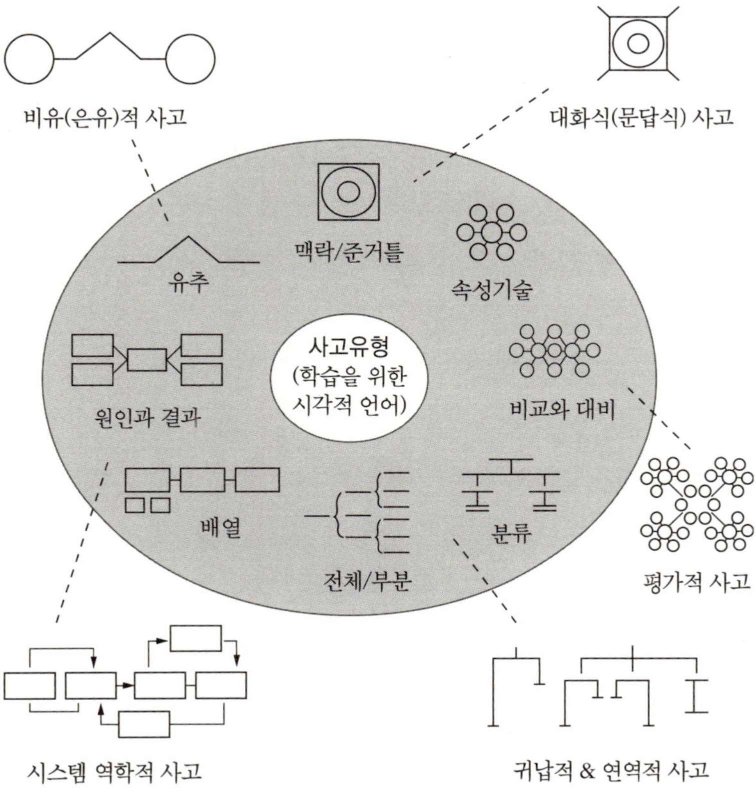

[그림 10-4] 여덟 가지 생각의 유형

출처: Hyerle (2004); Hyerle & Alper (2011).

각각 사용된다.

첫째, [그림 10-5]에서 설명하는 바와 같이 '원형 유형'은 맥락을 탐색할 때 사용된다. 원의 가운데에 제시된 주제에 대한 관련 정보를 제공하는 데 필요한 아이디어를 내기 위해 브레인스토밍을 할 때 사용된다. 또한 맥락의 증거를 보이며 용어를 정의할 때, 그리고 저자와 독자의 관점을 확인할 때 등의 경우에도 사용된다.

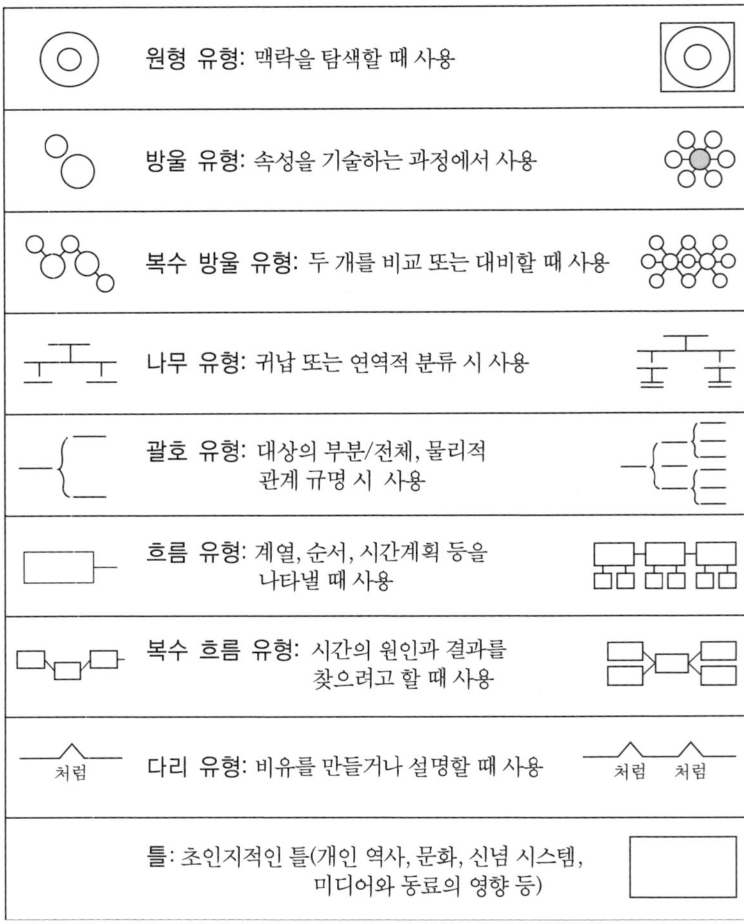

[그림 10-5] 여덟 가지 생각의 유형과 초인지적인 틀의 사용 사례

출처: Hyerle(2004); Hyerle & Alper (2011).

둘째, '방울 유형'은 속성이나 특성을 기술하는 과정을 위해 고안된 것이다. 예를 들면, 언어 과목에서 문자적 특성, 사회 과목에서 문화적 특성, 과학 과목에서 성질이나 성분, 수학 과목에서 구조의 속성 등을 알아보기 위해 사용된다. 또한 사물의 기술적인 어휘를 확장할 때, 형용사를 사용하여 특성을 기술할 때, 글쓰기를 위해 세부 사항들을 제공하고자 할 때 등의 경우에 사용된다.

셋째, '복수 방울 유형'은 두 가지 상황의 특성을 비교하거나 대비할 때 사용된다. 예를 들면, 이야기 속에 나오는 인물들이나 역사적인 인물 가운데 대비되는 두 사람, 또는 두 가지 사회체제를 비교하거나 대비할 때 쓰인다. 또한 비교 속에서 어떤 정보가 가장 중요한지 우선순위를 매길 때 등에도 사용된다.

넷째, '나무 유형'은 귀납적 또는 연역적 분류를 할 때 사용된다. 학생은 나무의 맨 위에 있어야 할 일반 개념이나 중심 아이디어 또는 범주의 제목을 만들고, 그 아래에 있는 지원 아이디어나 세부 사항을 만들기 위해 이 나무 유형을 사용한다. 글쓰기를 위해 주제와 세부 사항을 조직할 때 등의 경우에도 사용된다.

다섯째, '괄호 유형'은 물체의 물리적인 관계 등을 알아보기 위해 사용된다. 전체와 부분, 부분과 하위 부분의 관계 등을 묘사함으로써 이 '생각지도'는 학생의 공간추론 능력을 지원해 주고, 물리적인 한계를 어떻게 정할지를 이해할 수 있도록 도와준다. 또한 이야기 속에서 물리적인 환경을 이해하려고 할 때, 기술적인 독서를 통해 물리적인 사물을 분석할 때, 기술적인 매뉴얼을 조직하고 쓸 때에도 사용된다.

여섯째, '흐름 유형'은 업무 흐름도의 사용을 기초로 한다. 이 '흐름 유형'은 연속적인 행동의 배열, 순서, 추진 일정, 순환, 행동, 단계, 방향 등을 보여 준다. 일이 진행되는 단계와 하부 단계 사이의 관계를 보여 주기도 한다. 따라서 이야기 구성에서 하부 단계로 연결되는 과정의 선후관계를 정할 때, 중요한 일들을 분석하고 우선순위를 정할 때, 집필을 위해 문단의 선후관계를 정할 때 등의 경우에 사용된다.

일곱째, '복수 흐름 유형'은 사건의 원인과 영향을 찾아낼 수 있는 도구다. 그러므로 역사적인 원인을 보여 줄 때와 미래 사건과 결과를 예측할 때 이 유형이 사용된다. 이 모형의 가장 복잡한 형태인 서로 영향을 주고받는 다이내믹한 체제에서는 상호 관계성을 보여 준다. 사회과학 분야에서는 구조방정식을 사용하여 원인과 결과 그리고 경로를 분석할 때 사용된다. 문학 작품에서는 원인과 효과를 분석할 때, 지난 사건으로부터 결과를 예언할 때, '만약 ~라고 하면'과 같은 설득형 글을 조직할 때 사용된다.

여덟째, '다리 유형'은 유추를 만들거나 해석할 때 시각적인 경로를 보여 준다. 이 '생각지도'를 표준화 검사에 대한 유추를 해결하기 위해 사용할 수 있으며, 깊은 내용학습을 위한 유추추론을 하거나 비유적인 개념을 발전시키는 데에도 사용할 수 있다.

아홉째, '초인지적인 틀'은 '생각지도'의 하나는 아니다. 어떤 '생각지도' 내에서 찾을 수 있는 정보를 위한 준거틀을 확인하거나 공유하기 위한 초도구적인 큰 틀이 필요할 때 사용된다. 즉, 개인의 역사, 문화, 신념체계, 동료 집단이나 미디어의 영향 등과 같은 큰 틀이 여기에 포함된다.

예제 2

루트-번스타인과 루트-번스타인(Root-Bernstein & Root-Bernstein, 1999)은 그들의 저서 *Spark of Genius*에서 창의적인 생각을 일으키는 도구 13가지를 소개하고 있다. 이 책은 역사적으로 미술, 음악 등 예술 분야와 과학, 문학 등의 분야에서 훌륭한 업적을 남긴 소위 천재들이 어떻게 자신의 천재성을 꽃 피웠는지 추적해서 설명하고 있는 책이다. 번역자는 책의 제목을 『생각의 탄생』으로 옮겼지만, 정확하게 표현하자면 '천재의 생각 발화 또는 천재의 아이디어 불꽃' 정도로 해야 책의 내용을 잘 전달할 수 있을 것이다.

루트-번스타인과 루트-번스타인의 창의적인 생각을 일으키는 '생각지도'들은 주로 예술적인 창의성을 개발할 수 있는 도구들이다. 하지만 많은 과학자도 이와 비슷한 '생각지도'를 활용한 점으로 보아 학문 분야에 구애받지 않고 모든 학문 분야에서 창의성 개발에 유용한 도구로 사용될 수 있다.

이 책에서 천재들이 자신의 창의적인 아이디어를 창출해 내는 과정을 면밀히 살펴보면, 대체로 〈표 10-4〉와 같이 13가지 생각 유형으로 요약할 수 있다. 이 생각 유형은 ① 관찰(observing), ② 형상화(imaging), ③ 추상화(abstracting), ④ 패턴 인식(pattern recognizing), ⑤ 패턴 형성(pattern forming), ⑥ 유추(analogizing), ⑦ 몸으로 생각하기(body thinking), ⑧ 감정이입(empathizing), ⑨ 다차원적 사고(dimensional thinking), ⑩ 모형화(modeling), ⑪ 놀이화(playing), ⑫ 변형(transforming), ⑬ 통합(synthesizing) 등이다.

첫째, 모든 지식은 '관찰'에서부터 시작된다. 사람이 가지고 있는 모든 감각기관을 최대한 동원하여 정확하게 관찰하는 것은 사고의 기본이다.

둘째, 마음속에 이미지를 만드는 일이 '형상화'다. 이미지는 그림일 수도 있고, 말이나 음악 같은 소리, 동작과 같은 움직임일 수도 있다. 형상화가 사고를 이끌어 낸다.

〈표 10-4〉 루트-번스타인과 루트-번스타인의 13가지 생각도구의 내용

번호	생각도구	내용
1	관찰	모든 지식은 관찰로부터 시작되므로 참을성 있게, 사소한 부분까지 아주 세심하고 꼼꼼하게, 꾸준히 일관되게 감지, 지각, 인식하는 행동
2	형상화	인간의 인식능력으로 감지하거나 지각할 수 없을 때, 상상과 같은 정신적인 능력으로 세상을 묘사하는 행동
3	추상화	복잡한 일이나 내용을 단순한 원칙을 가진 것으로 줄이는 행동
4	패턴 인식	자연, 언어, 운동, 음악, 리듬, 수학 등 모든 사물의 계속 반복되는 구조를 파악하는 행동
5	패턴 형성	구조적인 요소 또는 작업을 결합하거나 되풀이하는 행동
6	유추	둘 또는 둘 이상의 다른 물건(일)이 공유하는 특성을 확인하는 행동
7	몸으로 생각하기	신체 감각이나 반응으로부터 언어 소통 이전과 선개념적인 직관을 끌어내는 행동
8	감정이입	다른 사람이나 생물 또는 사물의 생생한 경험을 감지하는 행동
9	다차원적 사고	현재부터 미래에 이르기까지 또는 두세 개의 공간 차원 등 다른 영역의 물체를 상상하는 행동
10	모형화	개념, 아이디어, 사물 또는 조건 집합체의 가상적 · 정신적 · 상상적 · 물리적 표상을 창출하는 행동
11	놀이화	기존의 관습과 규칙을 존중하지 않으면서 상상적으로 재배열하는 행동
12	변형	다수의 정신적인 활동을 순차적으로 또는 동시적으로 사용하는 행동
13	통합	세계를 이해하기 위해 다수의 활동을 함께 불러오는 행동

출처: Root-Bernstein & Root-Bernstein (1999).

셋째, 관찰한 사물이나 마음속의 이미지를 단순화시키는 일이 '추상화'다. 사물이나 이미지의 한 가지 특성을 부각시키면 사물의 본질이 드러난다. 대체로 단순화가 잘 이루어진 작품을 훌륭하

게 생각한다.

넷째, 사람이나 사물의 움직임이나 행위에는 규칙성이 있다. 규칙성은 하나의 패턴을 이루며, 이 패턴을 인식하는 것은 다음 행동을 예상할 수 있도록 해 준다. 이 '패턴 인식'은 대부분 위대한 발견과 발명으로 이어진다.

다섯째, 복잡한 현상을 유심히 살펴보면 그 속에는 몇 가지 일정한 '패턴을 형성'하고 있는 것을 알 수 있다. 겨울에 오는 눈의 결정체가 다양한 패턴을 형성하고 있듯이, 이런저런 패턴의 눈들이 모여 복잡한 유형의 눈을 이루고 있다.

여섯째, 기존에 알려진 것을 가지고 알려지지 않은 것을 추론해서 생각하는 것이 '유추'다. 동서고금을 막론하고 사전지식과 경험이 많을수록 유추를 더 잘할 수 있다. "아는 것만 보인다."는 말은 아는 것이 있어야 그것을 바탕으로 연결시켜 알아낼 수 있다는 말이다.

일곱째, 느끼는 것은 생각하는 것이다. 그러므로 몸으로 느끼는 것은 '몸으로 생각하는 것'이다. 우리는 평소 몸으로 많은 것을 느낀다. 이 느낌들이 생각으로 정리되고, 이 생각이 독창적일 때 창의적이라고 인정한다.

여덟째, 자신의 생각을 다른 사람에 넣어 보거나 다른 사람의 생각을 내 속에 넣어 보면 '감정이입'이 된다. 예를 들면, 같은 전통문화와 규범을 경험한 사람 간에는 감정이입이 잘되지만 서로 다른 문화적인 배경을 가진 사람과는 감정이입이 힘들다. 마찬가지로 동식물과 같은 생명체에는 감정이입이 비교적 쉽지만 사물과 같은 비생명체에는 어렵다. 많은 훈련을 통해 감정이입 능력은 발달한다.

아홉째, 사물이나 현상을 여러 차원에서 보면 더 정확한 판단을 할 수 있고, 많은 사람을 공감하게 할 수 있다. 다문화사회에서 가장 중요한 능력이 바로 '다차원적 사고'다.

열 번째, 가상의 세계를 상정하고 모의 실험을 해 보면 바람직한 모형이 나온다. '모형화'는 정확한 자료와 상상력 등을 동원하여 만들어 내는 것이다.

열한 번째, 놀이는 어린 시절에 형성된 본능적인 느낌과 정서를 불러일으킨다. '놀이화'를 통해 생활과 밀착된 통찰을 끌어낼 수 있다.

열두 번째, 하나의 생각을 조금씩 바꾸어 나가면 새로운 것이 나올 수 있다. '변형'은 기존의 것을 바탕으로 하기 때문에 어려운 일이 아니고 생각을 깊이 하면 얼마든지 만들어 낼 수 있다.

마지막으로, 여러 가지를 섞어 보면 새로운 것이 나온다. 최근에 음식문화에서 퓨전음식이 많이 나오는데 이 퓨전음식은 모두 '통합'을 통해 나온 사례들이다. 지식경제시대는 통합·융합하여 점령하는(converge and conquer) 시대임을 생각해 보면 모든 새로운 창조는 통합과 융합을 통해 나온다는 사실을 알 수 있다.

지금까지 우리는 히어럴의 여덟 가지 '생각의 유형'과 루트-번스타인과 루트-번스타인의 '생각도구'를 가지고 창의적인 사고를 할 수 있음을 알게 되었다. 이 '생각의 유형'과 '생각도구'는 유추 등과 같이 서로 유사한 부분이 많다. 우리는 이 도구들을 이용하여 고차원의 사고, 창의적인 사고를 할 수 있다. 그러므로 이

도구들을 평소에 언제든지 쉽게 활용할 수 있도록 우리 몸에 익숙하게 익혀야 한다. 이것은 반복된 연습과 훈련을 통해 가능하다.

이러한 사고도구들에 대한 훈련이 바로 '학습을 위한 학습(learning how to learn)' 임을 알아야 한다. 학교교육의 목표는 단순한 지식의 습득에 있는 것이 아니라 사물과 현상을 분명하게 이해하고 학습하는 능력을 기르는 데 있다. 그러므로 이 사고도구가 바로 학습도구임을 알고 훈련을 통해 몸에 익숙하게 습득되도록 노력해야 한다. 교육의 목적은 '전인' 을 길러 내는 데 있어야 하며, 통합 · 융합 교육이 이루어져야 한다. 이 생각도구, 학습도구들을 체득한 사람은 보다 창의적인 일들을 수행할 수 있을 것이다.

에필로그

이 책에서는 우리 2세가 살아가야 할 글로벌 시대를 교육적인 입장에서 조명해 보고, 어떻게 준비하고 대응하는 것이 좋은지 생각해 보았다. 먼저, 글로벌 시대의 교육환경은 현실공간과 가상공간 모두 완전히 개방되고 공개되어 있음을 인식할 필요가 있다. 마치 오픈북 시험(open book test)을 보는 것과 같다. 아는 것을 묻는 것이 아니라 어떻게 생각하는지를 묻기 때문에 시험 내용을 외우기 위해 애쓸 필요가 없다.

또한 개인의 생각보다 집단의 생각을 묻는 경우가 많기 때문에 서로 협의해서 좋은 아이디어와 계획을 만들어 내도록 해야 한다. 아이디어와 계획을 어떻게 실천할 것인지까지 답해야 하기 때문에 실천 계획까지 분명하게 제시할 수 있어야 한다. 이러한 질문은 국제사회에서 신입 선진국의 일원으로서 어떻게 할 것인지를 묻는 것이기 때문에 선진국 시민으로서 사고하고 행동하는 국제 규범을 익혀야 한다.

다음으로, 그동안 국제사회가 어떻게 변화 · 발전해 왔는지, 어떤 능력을 필요로 하는지도 살펴보았다. 여러 가지 능력 가운데 '더불어 사는 능력'의 중요성이 가장 크게 부각되었다. '더불어 사는 능력'은 주로 협력하며 사는 사회적인 능력과 다른 사람의 감정을 이해하고 공감하는 정서능력 등을 필요로 한다. 이 '더불어 사는 능력'이 인성교육의 핵심이 되어야 한다.

그리고 우리 경제를 지속적으로 발전시키고 선진국의 일원으로서 국제사회를 선도하기 위해 높은 수준의 창의적인 사고능력을 갖추어야 함을 새롭게 인식할 필요가 있다. 창의적인 사고능력은 잘 조직된 훈련을 통해 발전시켜 나갈 수 있다. 이 과정에서 교육과 학습을 제대로 이해할 필요성을 확인하였다.

교육은 교수(teaching)와 학습(learning)으로 이루어져 있다. 교사가 가르치는 교수 행위와 학생이 배우는 학습 행위는 시장에서 상인이 팔고 소비자가 구매하는 행위와는 다르다. 시장에서는 상인이 열 개를 팔면 소비자가 열 개를 살 수 있기 때문에 팔고 사는 행위의 결과가 일치한다. 그러나 교육에서는 교사가 열 개를 가르쳤는데 학생은 열 개를 다 배우고 익히는 것이 아니다. 학생의 능력에 따라 어떤 학생은 열 개 중 한 개를 배우고 익힐 수도 있고, 어떤 학생은 열 개 중 다섯 개를, 그리고 어떤 학생은 열 개 이상을 배우고 익힐 수도 있다.

교육의 어려움은 바로 가르치고 배우는 것이 일치하지 않음에 있다. 그동안 우리는 교수에 관심을 많이 두고, 학습에는 관심을 적게 두었다. 이제 교수의 변화보다 학습의 변화가 더 중요하다는 인식을 가지고 교수보다 학습에 더 많은 관심을 두어야 한다. 제갈량이 아들 '교'를 가르치기 위해 보낸 편지인 『계자서(誡子書)』에 나오는 '비정무이성학(非靜無以成學)'은 '마음이 고요하지 않으면 학문을 성취할 수 없다.'는 뜻이다. 즉, 배우는 사람의 마음이 편해야 공부에 몰입할 수 있다는 의미다.

최근 들어 청소년에게 가장 중요한 영향을 끼치는 가정이 안정을 취하기 어려운 상황인 경우가 많다. 가족구조의 변화, 예를 들면 사회적으로 결혼이 줄어드는 반면 이혼이 늘고 있고, 부모의 재혼으로 아동들이 다양한 가족구조를 경험하게 된다. 또한 아버지 또는 어머니가 없는 경우, 아버지가 있지만 집에 없는 경우, 가정이 경제적으로 어려운 경우, 부모의 나이가 너무 많은 경우 등 불안정한 가정을 경험하게 되면서 불안한 정서를 가진 아동이 늘고 있다.

경제적인 이유로 맞벌이를 할 수밖에 없는 가정의 영유아는 유아원이나 어린이집 등 양육기관이나 시설에서 대부분의 시간을 보내고 있다. 이러한 아동의 불안한 정서는 학교교육을 하는 데 부정적으로 작용하고 있다. 이를 해소하지 않고는 제대로 된 교육을 할 수 없다. 또한 사회적으로 보면, 대중매체와 게임 산업의 발달로 폭력적인 인성을 가진 성인이 늘고 있으며, 그들의 자녀는 그 영향을 직접 받고 있다.

또한 학생들의 신체적 성숙과 사회적 성숙의 불균형에서 비롯된 분열적인 행동이 나타나고, 이에 따라 학생들이 학교생활에 부적응하는 경우가 늘어나고 있다. 실제로, 학교교육은 이와 같이 불안정한 가정과 사회로 더욱 힘들어지고 있다. 사회 전체가 학습사회가 되고 일생을 통해 배우는 평생학습이 자리잡기에는 우리 사회 전반에 걸쳐 그 필요성에 대한 인식이 너무 부족하다. 우리 사회는 아직도 학교교육을 교육의 전부로 이해하고 있는 경우가 대부분이다.

여기서 중요한 것은 우리 자녀의 감성이 어느 쪽으로 향해 있는가 하는 점이다. 예를 들면, 긍정적인 감정 상태는 자동차에 전진 기어가 들어 있는 것과 같이 가속 페달을 밟으면 차가 앞으로 나아간다. 그러나 부정적인 감정 상태일 때는 자동차에 후진 기어가 들어 있는 것과 같아서 가속 페달을 밟으면 차가 뒤로 간다. 기어가 중립에 있을 때는 가속 페달을 아무리 밟아도 차가 나가지 않는다. 그러므로 학생들이 공부하기 전에 긍정적인 감정 상태가 되도록 하는 것이 중요하다.

사람은 '필(feel)'이 꽂이면 돌진하게 된다. 좋아하는 마음, 소위 '콩깍지'가 쓰이면 주변에 있는 다른 것이 보이지 않는다. 이렇게 되면 목표를 향해 돌진하게 되고, 이것은 5단 기어로 가는 것과 같다. 공부에 몰입하려면 좋아하는 마음이 있어야 한다. 예를 들면, 과목 선생님이 좋으면 그 과목에 몰입한다. 공부를 하기 위해 긍정적인 마음, 좋아하는 마음을 갖도록 하는 것이 우선이다. 예를 들면, 상을 주는 것은 긍정적인 마음이 일시 강화되도록 하는 효과가 있다.

근본적으로 긍정적인 감성은 감사하는 마음에서 생긴다. 생활하는 과정에서 매순간 감사하는 마음을 갖는다면 긍정적인 감정 상태를 유지할 수 있다. 감사하는 마음이 없으면 긍정적인 에너지

(감성)가 생기지 않는다. 그러므로 자녀가 부모와 가정에 감사하고, 학생이 선생님과 학교에 감사하는 마음을 갖도록 하는 것이 공부를 잘하도록 할 수 있는 비결이다. 하지만 자녀에게 또는 학생에게 감사하는 마음이 생기도록 하려면 부모나 교사가 먼저 자녀와 학생에게 감사해야 한다. 부모와 교사가 자녀와 학생에게 긍정의 에너지(감성)를 주어야 한다.

또한 사람의 행동은 '왜 하는지' 그 이유를 알수록, 그리고 그 이유를 강하게 느낄수록 열심히 한다. 따라서 자녀와 학생에게 '왜 공부하는지'를 알도록 해 주는 것이 중요하다. 왜 하는지 이유를 모르면 1단 기어로 가는 것과 같이 속도가 나지 않는다. 그러나 이유를 분명히 강하게 느끼면 4단, 5단으로 가는 것과 같다. '부러우면 지는 것'이란 말이 있다. 마음속에 있는 부럽다는 생각은 자신의 감성이 '후진 기어' 상태로 되어 있다는 것임을 알아야 한다.

이를 '전진 기어'로 바꾸려면, 먼저 주변에 감사해야 할 일들을 생각해야 한다. 이렇게 하면 마음속에 긍정의 에너지가 생기고, 이 긍정의 에너지가 마음의 상태를 '전진 기어'로 바꾸어 준다. 긍정적인 에너지가 생기도록 하는 다른 방법은 운동이나 예술활동 같은 것을 하는 것이다. 몸을 움직이고 아름다운 것을 느끼면 긍정적인 에너지가 생긴다. 사람을 움직이는 것은 마음을 움직이는 것이다. 마음은 감성 또는 감정의 지배를 받는다. 동기부여가 바로 마음을 움직이는 하나의 방법이며, 가장 좋은 동기 부여는 부모와 교사 등 가까운 사람의 강한 관심과 기대, 사랑 등이다.

청소년은 가까운 사람의 관심과 기대, 사랑 등에 부응하기 위해 노력하면서, 그러한 노력이 부모와 교사 등을 만족시키는 것을 느끼게 된다. 동시에 이러한 노력이 자신이 목표로 하는 것과 일치한다면 자신을 만족시키고, 나아가 궁극적으로 자신을 행복하게 하는 것으로까지 발전할 것이다. 일반적으로 '성공'은 사회적인 규범이나 객관적인 기준으로 판단하기 때문에 쉬운 일이 아니다. 그러나 '행복'은 개인적인 생각이나 주관적인 기준으로 판단하기 때문에 한편으로는 쉬우면서도 다른 한편으로는 쉬운 일이 아니다.

글로벌 시대의 교육은 멀리 있지 않다. 가장 가까운 곳, 우리 마음으로부터 시작한다. 우리 마음을 중요하게 생각하고, 우리 마음이 편안하고 주변에 감사함을 느낄 수 있도록 하는 일이 교육과 학습에서 가장 중요한 일이 될 것이다.

참고문헌

김기헌, 안선영, 장상수, 김미란, 최동선(2009). 아동 · 청소년의 생활패턴에 관한 국제비교연구. 보건복지가족부 한국청소년정책연구원.

김태완(2011). 한국의 사회적 과제와 창의적인 글로벌 인재 양성. 한국교육개발원 (편). 한국교육 미래비전. 서울: 학지사.

노자(2011). 노자 도덕경 (남충희 역). 서울: 푸른나무.

이규호(1967). 사람됨의 뜻: 철학적 인간학. 서울: 제일출판사.

차성현(2012). 인성교육 개념의 재구조화. 제6회 청람교육포럼 자료집.

푸나(付娜)(2012). 제갈량의 계자서 (김지은 역). 서울: 비즈니스맵.

한국교육개발원(2012). KEDI 교육여론조사.

한국교육개발원. 교육통계연보. 2006-2012 Edition.

Anchorage School District Standards and Benchmarks for Social and Emotional Learning. www.asdk12.org.

Anderson, L., & Krathwohl, D. A. (2001). *Taxonomy for Learning, Teaching and Assessing: A Revision of Bloom's Taxonomy of*

Educational Objectives. New York: Longman.

Atkinson, S. P. (2012). Enabling Learning: Educational Technologies and Social Change, Updated: Taxonomy Circles-Visualisations of Educational Domains. spatkinson.wordpress.com.

Bloom, B. S. Engelhart, M. D., Furst, E. J., & Krathwohl D. R. (1956). *Taxonomy of Educational Objectives.* New York: David Mckay.

Canton, J. (2002). The Impact of Convergent Technologies and the Future of Business and the Economy. In M. C. Roco & W. S. Bainbridge (Eds.), *Converging technologies for improving human performance: Nanotechnology, biotechnology, information technology and cognitive science.* National Science Foundation.

CASEL(Collaborative for Academic, Social, and Emotional Learning). www.casel.org.

CCL(Canadian Council on Learning) (2010). The 2010 Composite Learning Index: Five Years of Measuring Canada' s Progress in Lifelong Learning. www.cli-ica.ca/en.aspx.

Coombs, P. H. (1968). *The World Educational Crisis: A Systems Analysis.* Oxford University Press.

Coombs, P. H., & Ahmed, M. (1973). New Paths to Learning for Rural Children and Youth. Interantional Council for Educational Development.

Delors, J. (1996). Learning: The Treasure Within. Report to UNESCO of the International Commission on Education for the Twenty-first Century.

Doyle, O., Harmon, C. P., Heckman, J. J., & Tremblay, R. E. (2009). Investing in Early Human Development: Timing and Economic Efficiency. *Economy & Human Biology, 7*(1), 1-6.

Durlak, J. A., Weissberg, R. P., Dymnicki, A. B., Tayor, R. D., & Schellinger, K. B. (2011, Jan./Feb.). The Impact of Enhancing

Students' Social and Emotional Learning: A Meta-Analysis of School-Based Universal Interventions. *Child Development*, *82*(1), 405-432.

Elias, M. J. (2009). Social-Emotional and Character Development and Academics as a Dual Focus of Educational Policy.

Erikson, E. H. (1993) [1950]. *Childhood and Society*. New York: Norton & Company.

European Commission (2004). Converging Technologies for the European Knowledge Society (CTEKS). European Commission Research Report.

Faure, E., Herrera, F., Kaddoura, A., Lopes, H., Petrovsky, A. V., Rahnema, M., & Ward, F. C. (1972). Learning To Be: The World of Education Today and Tomorrow. UNESCO.

Forehand, M. (2012). *Bloom's Taxonomy: From Emerging Perspectives on Learning, Teaching, and Technology*. The University of Georgia.

Freire, P. (1995). 페다고지: 억눌린 자들을 위한 교육(Pedagogy of the Oppressed) (성찬성 역). 서울: 한마당. (원전은 1968년에 출판).

Gardner, H. (1983). *Frames of Mind: The Theory of Multiple Intelligences*. New York: Basic Books.

Gingrich, N. (2002). Vision for the Converging Technologies. In M. C. Roco & W. S. Bainbridge (Eds.), *Converging technologies for improving human performance: Nanotechnology, biotechnology, information technology and cognitive science*. National Science Foundation.

Goldblatt, M. (2002). DARPA's Programs in Enhancing Human Performance. In M. C. Roco & W. S. Bainbridge (Eds.), *Converging technologies for improving human performance: Nanotechnology, biotechnology, information technology and cognitive science*. National Science Foundation.

Goleman, D. (1998). *Working with Emotional Intelligence*. New York: Bantam Books.

Hyerle, D. N. (2004). Hyerle, D. N. & Alper, L. (2011). *Student Successes with Thinking Maps: School-Based Research, Results, and Models for Achievement Using Visual Tools*. New York: Corwin Press.

Illich, I. (2009). 학교 없는 사회(Deschooling Society) (박홍규 역). 서울: 생각의 나무. (원전은 1970년에 출판).

Jones, R. S., & Yoo, B. (2011). Korea's Green Growth Strategy: Mitigating Climate Change and Developing New Growth Engines. OECD Economics Department Working Papers.

Kohlberg, L. (1982). Moral development. In J. M. Broughton & D. J. Freeman-Moir (Eds.), *The Cognitive Developmental Psychology of James Mark Baldwin: Current Theory and Research in Genetic Epistemology*. Norwood: Ablex Publishing Corp.

Marsh, H. W., Hau, K. T., Artelt, C., Baumert, J. & Peschar, J. L. (2006). OECD's Brief Self-Report Measure of Educational Psychology's Most Useful Affective Constructs: Cross-Cultural, Psychometric Comparisions Across 25 Countries. *Internation Journal of Testing, Vol. 6*, Issue 4, 311-360.

National Center on Education and the Economy (2007). Tough Choices or Tough Times. The Report of the New Commission on the Skills of the American Workforce.

National Institute for Educational Policy Research, Japan(NIER, 2005), Sustainable Development and Education for the 21st Century. International Symposium on Education Reform 2005.

Nature (2002, August, 22). Molecular evolution of FOXP2, a gene involved in speech and language. *Nature, 418,* 869-872.

Naudeau, S., Kataoka, N., Valerio, A., Neuman, M. J., & Elder, L. K.

(2011). Investing in Young Children, an Early Childhood Development Guide for Policy Dialogue and Project Preparation. World Bank Publication.

New Zealand Ministry of Education (2007). *The New Zealand Curriculum.*

OECD (2003). Definition and Selection of Competencies(DeSeCo).

OECD (2009). Program for International Student Assessment.

OSTP(Office of Science and Technology Policy), & NEC(National Economic Council) (2009. 9.). A Strategy for American Innovation: Driving Towards Sustainable Growth and Quality Jobs.

OSTP(Office of Science and Technology Policy), & NEC(National Economic Council) (2011. 2.). A Strategy for American Innovation: Securing Our Economic Growth and Prosperity.

Reimer, E. (1982). 학교는 죽었다(School is Dead) (김석원 역). 서울: 한마당. (원전은 1971년에 출판).

Roco, M. C. (2002). Coherence and Divergence of Megatrends in Science and Engineering. In M. C. Roco & W. S. Bainbridge (Eds.), *Converging technologies for improving human performance: Nanotechnology, biotechnology, information technology and cognitive science.* National Science Foundation.

Roco, M. C., & Bainbridge, W. S. (Eds.). (2002). Converging Technologies for Improving Human Performance: Nanotechnology, Biotechnology, Information Technology and Cognitive Science. National Science Foundation.

Root-Bernstein, R., & Root-Bernstein, M. (2007). 생각의 탄생: 다빈치에서 파인먼까지 창조성을 빛낸 사람들의 13가지 생각도구(*Sparks of Genius: The Thirteen Thinking Tools of the World's Most Creative People*) (박종성 역). 서울: 에코의서재. (원전은 1999년에 출판).

Salovey, P., & Mayer, J. D. (1990). Emotional intelligence. *Imagination, Cognition, and Personality, 9,* 185-211.

Sandel, M. (2009). *Justice: What' s the Right Thing to Do?*. New York: Penguin Books.

Spohrer, J. (2003). Nano-bio-cogno-socio-techno convergence for enhancing human performance: It' s information that matters to science, and it' s people that matter to business. IBM Almaden Research Centers.

Strawderman, V. W. Math Anxiety Model. www.mathgoodies.com/articles/math_anxiety_model.html.

Tissen, R., Andriessen, D., & Deprez, F. L. (1998). *Value-Based Knowledge Management*. New York: Longman.

Trilling, B., & Fadel, C. (2012). **21세기 핵심역량: 이 시대가 요구하는 핵심스킬**(*21st century skills: Learning for life in our times*) (한국교육개발원 역). 서울: 학지사. (원전은 2010년에 출판).

U.S. Department of Education (1983). A Nation at Risk. National Commission on Excellence in Education.

U.S. Department of Education (2002). No Child Left Behind(NCLB).

U.S. Department of Education (2009). Race to the Top. www.ed.gov.

UNWTO(United Nations World Tourism Organization). Compendium of Tourism Statistics. 2011, 2012 Edition. publications.unwto.org/en/publication/compendium-tourism-statistics-data-2011-2012-edition.

UNESCO (1972). Learning to be.

UNESCO (1996). Learning: The Treasure Within.

UNESCO Institute for Statistics & Center for Universal Education at Brookings (2013). Toward Universal Learning: What Every Child Should Learn. Report paper No. 1 of 3, Learning Metrics Task Force, February 2013.

Venneri, S., Hirschbein, M., & Dastoor, M. (2002). A Vision for the Aircraft of the 21st Century. In M. C. Roco & W. S. Bainbridge (Eds.), *Converging technologies for improving human performance:*

Nanotechnology, biotechnology, information technology and cognitive science. National Science Foundation.

WCED(World Commission on Environment and Development) (1987). Our Common Future. Oxford University Press.

Wilkins, J. L. M. (2004). Mathematics and Science Self-Concept: An International Investigation. *The Journal of Experimental Education, Vol. 72*, Issue 4, 331-346.

Wood, K. C., Smith, H., & Grossniklaus, D. (2012). Piaget' s Stages of Cognitive Development. p. 6 [5] Retrieved May 29. www.saylor.org/site/wp-content/uploads/2011/07/psycho406-5.3.2pdf.

World Bank (2010). World Bank Education Strategy 2020.

World Bank (2011). Investing in Young Children, an Early Childhood Development Guide for Policy Dialogue and Project Preparation, 2011.

World Bank (2012). 포용적 녹색성장: 지속가능발전으로 가는 경로(Inclusive Green Growth: The Pathway to Sustainable Development).

Yonas, G., & Turnley, J. G. (2002). Socio-tech. the Predictive Science of Societal Behavior. In M. C. Roco & W. S. Bainbridge (Eds.), *Converging technologies for improving human performance: Nanotechnology, biotechnology, information technology and cognitive science*. National Science Foundation.

〈웹사이트〉

KAIST의 IP 영재기업인교육원. www.ipceo.kaist.ac.kr

Singapore Ministry of Education. www.moe.gov.sg

TED(technology, entertainment, design) www.ted.com

국립국제교육원. www.niied.go.kr

에드엑스. www.edX: edx.org
유다시티. www.udacity.com
칸 아카데미. www.Khan Academy: khanacademy.org.
코세라. www.coursera,org.
퓨처런. www.futurelearn.com.
통계청. e-나라지표. www.index.go.kr
한국은행 경제통계시스템. www.ecos.bok.or.kr

찾아보기

인 명

내 용

저자 소개

김태완

현재 계명대학교 교육학과 교수로 재직 중이다. 서울대학교와 동 대학원에서 교육학을 전공하였으며, 미국 미시간 대학교에서 교육행정학 전공으로 박사학위를 받았다. 공군 지휘참모대학의 교관, 유네스코청년원의 지도교수를 역임하였으며, 한국교육개발원의 책임연구원으로서 '지방교육자치'와 '남북한교육통합'에 대한 연구를 진행하였다. 이후 컬럼비아 대학교의 연구 교수를 비롯하여, 한국교육정책학회장, 한국교육재정경제학회장, 대통령자문 교육개혁위원회 전문위원, 계명대학교 교무처장, 대구광역시 교육발전협의회 위원장, 교육과학기술부 대학선진화위원회 위원장, 교육과학강국실천연합회 상임대표, 대통령직속 사회통합위원회 시간강사대책 특별위원회 및 교육기회 균등제공 특별위원회의 공동위원장을 역임하였다. 최근까지 한국교육개발원장으로서 봉사하였고, 유네스코한국위원회 위원, OECD 교육혁신연구소의 집행이사, 한중일 고등교육교류전문가위원회 위원, 국무총리실 교육개혁협의회 위원 등을 역임하였다. 저서로는 『교육재정론』『국제교육행정론』 등의 공저와 다수의 논문이 있다.

글로벌 시대의 교육

-인성과 창의적 사고력의 개발-

2013년 8월 20일 1판 1쇄 발행
2014년 8월 20일 1판 2쇄 발행

지은이 • 김태완
펴낸이 • 김진환
펴낸곳 • (주) 학지사
121-837 서울특별시 마포구 양화로 15길 20 마인드월드빌딩
대표전화 • 02-330-5114 팩스 • 02-324-2345
등록번호 • 제313-2006-000265호

홈페이지 • http://www.hakjisa.co.kr
커뮤니티 • http://cafe.naver.com/hakjisa

ISBN 978-89-997-0187-0 93370
정가 13,000원

저자와의 협약으로 인지는 생략합니다.
파본은 구입처에서 교환해 드립니다.

이 도서의 국립중앙도서관 출판시도서목록(CIP)은 서지정보유통지원 시스템 홈페이지(http://seoji.nl.go.kr)와 국가자료공동목록시스템(http://www.nl.go.kr/kolisnet)에서 이용하실 수 있습니다.
(CIP 제어번호: CIP2013014859)